心理学者に聞く

みんなが笑顔になる認知症の話

正しい知識から予防・対応まで

竹田伸也 著

遠見書房

はじめに

認知症という病名は、誰もが普段から耳にする言葉となりました。それほどまでに、私たちにとって身近な病気だからです。現在、六五歳以上の人のうち、七人に一人が認知症を患っています。そして、その数はこれからますます増え、二〇二五年には六五歳以上の人の五人に一人が認知症になると予想されています。なぜこのような予想が生まれるかというと、認知症の一番のリスクが「年をとること」だからです。高齢者の数が増えることによって、認知症になる人も増えるというわけです。そう考えると、認知症はもはや他人事ではなくなります。あなたの家族やあなた自身が、幸運にも長生きすることができたら、なってしまう可能性がとても高い病気。それが、認知症なのです。

そうしたこともあって、認知症に関する書籍はたくさん世に出ています。認知症とはどのような病気か、認知症の人への介護はどのように進めればよいか、認知症を予防するにはどうすればよいか、などなど、認知症についていろんな切り口から話が展開されています。どの切り口も本当に学ぶことが多いですし、大変興味深いのですが、本書ではこれまでと違う切り口から認知症について述べてみたいと思います。認知症という枠を通して人を見ると、知的能力や社会的役割、人間関係など、認知症によって奪われてしまった世界に焦点が当たりやすくなります。では、認知症という枠を外して見ると、その人の何が見えるのでしょうか。認知症がどんなに進んでも、人から奪えないものはあるのでしょうか。あるとすれば、いったいそれは何なのでしょうか。こうしたことに、本書では少し踏み込んでみたいと思います。

認知症は加齢によってリスクが高まる病気ですが、加齢のすべてではありません。当たり前です。けれど、たとえば「年をとると脳の働きは衰える一方だ」のように考えている人は、案外多いのではないでしょうか。実際のところ、年をとることで脳の働きはどうなるのか、これまでの認知症の本の中であまり触れられてはいません。もっと踏み込むと、「老い」とは失うことばかりなのでしょうか。こうしたことについても、本書では触れてみたいと思います。

もちろん、認知症がどのような病気なのかを知り、大変な病気であるがゆえに認知症を予防する生活習慣についても知り、認知症になっても安心して暮らしていけるために、認知症の人へのより良い関わりを知ることは重要です。これらのことについて述べた優れた書籍がたくさんあるなか、私は私の立場で伝えられることをお伝えしたいと考えています。私の専門は、臨床心理学です。臨床心理学を専門にしているからこそ伝えられる「認知症とは」、「認知症予防とは」、「認知症の人との関わり方とは」もあるかと思い、専門家としての自らの未熟さを棚上げし、一生懸命書き進めてみました。

なんて言うと、なにやらかたーい感じがしますが、かたーい感じの苦手な私は、これらのことをできるだけ柔らかく書いてみました。認知症については、それが起こるカラクリや、認知症になるとどのような世界を体験することになるか、お話してみたいと思います。認知症予防については、どのようなことを楽しめばよいかについてお話したいと思います。予防するにはどのようなことを心がければよいか、なんて言いません。「予防のために●●を心がけよう」という戒めは、長続きしないからです。そんな野暮ったい話は、この本の中からは徹底的に締め出しています。代わりに、野暮ったいダジャレが飛び交うことがありますがご容赦ください。

認知症の人への関わりについては、認知症の人の心理を述べたうえで、心地良い関わりとは何かを具体的にお話しします。近頃、なんだか世の中が窮屈な感じがしませんか？　人は完璧ではありませんから、失敗や過ちをおかします。なのに、そうした失敗や過ちをおかした人を、同じく失敗や過ちをおかす弱さを抱えた他人が、ネットやメディアを通してとやかく糾弾している様子をよく見かけます。世の中から、寛容さがどんどん失われていっているように思います。そんなことを言う私も、失敗や過ちをたくさんしでかすくせに、人の失敗や過ちを見聞きしたらつい怒りの声をあげてしまうこともあります。ところで、認知症はこれまで当たり前にできていたことを、当たり前にできなくさせてしまう病気です。そのため、認知症の人では失敗が目立つのも事実です。そうした認知症の人が住みやすい社会を作るということは、彼らの失敗に対する許容度を広げるという営みでもあります。このことが、失敗や過ちに対する許容度の低くなった今の世の中に、もう一度寛容さを取り戻す試みと重なるように私には思えるのです。そうした視点から、本書の最後では認知症の人への関わりについて考えてみたいと思います。

ところで、ここである秘密を打ち明けさせてください。本書は、全国商工新聞に連載した「ひとりでできる認知症予防」を加筆修正したものです。原稿を書き進めていた私は、毎回のテーマに刺激されて、一回の原稿の制限字数だった一五〇〇字で収まりきらないことを表現したいという気持ちをおさえられなくなりました。そのことを、今や盟友ともいえる遠見書房社長の山内俊介さんにお話したところ、彼は気持ち良く「本にしましょう」と応えてくれました。そして、この本が生まれるもとを作ってくれたのは全国商工新聞編集部の上敷領千枝子さんです。「新聞に原稿を書いてくれませんか」と上敷領さんから届いたメールに、「週一の原稿なんて、僕には無理です」ってお断りしました。そしたら、わざわざ東京から私のいる鳥取まで飛んできてくださり、週一で書き続ける力なんてなかった私に、なんとか書き進める力を引き出してくれました。そして、私の原稿を、忙しい合間を縫って丁寧に読んで、心のこもったコメントをくれた人もいました。私の知識と筆力はまだまだですが、この方々とのパートナーシップに支えられて、この本はそれなりのカタチになったと自負しています。
だからこそ、これから認知症の人がますます増える世の中で、「出会えて良かった」とあなたに思ってもらえる本になれたらいいなと、心から願っています。

竹田　伸也

もくじ

みんなが笑顔になる
認知症の話

第1章
老いによってしか得られない豊かさ

あなたの老いへのイメージは

ある女性のつぶやき

ある女性が、もの忘れを気にして相談にやってきました。七〇歳を過ぎたその女性に、どうして気になったか尋ねたところ、彼女はこう答えました。

「外出しようとしたら、鍵がないんです。あちこち探すけど見つからなくて。それで、同居している嫁に、『私が持っている家の鍵、どこにあるか知りませんか？』って尋ねてみました。そしたら、嫁はこんなことを言ったのです。『お義母さん、ボケてきたのとちがいますか。しっかりしてくださいよ。一度、病院で診てもらったらどうですか』って。だから、ちゃんと診てもらおうと思って」

そのあとの彼女の言葉に、私は椅子から転げ落ちそうになりました。「確かに、私はボケてきたのかもしれません。でもね、先生。四〇歳前後になるその嫁も、たまに『鍵がない、鍵がない』って大騒ぎするんです。鍵をなくしたのは同じなのに、年をとっているからってだけで、『ボケた』なんて思われるのはおかしくないですか？」

確かに、その通り！　私は、彼女の話にとても納得してしまいました。

あなたはどう考えますか

あなたに質問です。次の二つは、いずれも正しいと思いますか？

・年をとると誰でも増える「もの忘れ」が、認知症である
・年をとると、脳の働きは衰える一方である

もし、これらが正しいと、高齢者はみんな認知症ってことになります。ちなみに、高齢者とは現在の法律でいうと、「六五歳以上」だそうです。これを読んでくださっているあなたが六五歳を超えていれば、あなたはすでに認知症ということになってしまいます。

近頃いろんなところで認知症について知る機会が増えてきましたので、一つ目の問いを正しいと思う人は少なくなりました。だけど、冒頭の女性の話を思い出してください。「鍵をなくす」という

もの忘れであっても、若い人がそれをすると「そそっかしい人だね」くらいで終わりますが、高齢者がそれをすると「ボケてきたんじゃ……」と思う人がいる。これって、「年をとると誰でも増えるもの忘れが、認知症である」という問いに、心のどこかで「もしかして、そうかも」と思っているということかもしれません。

ましてや、二つ目の問いにいたっては、ほとんどの人が「その通り」と思っています。私は、認知症予防の講演をするときに、この二つを最初に尋ねるのですが、どうみても六五歳は超えていそうな方々でさえ、二つ目の問いに「その通り」と自信満々に手を挙げるのです。そのあと、「自分が高齢者だと思う人は手を挙げてください」と尋ねると、とたんに手を挙げる人が激減します。どうも、年をとるということに、多くの人が必ずしも良いイメージを持っていないことがうかがえます。

では、この二つの問いの答えは実際のところどうなのでしょうか。そのあたりのことについて、ハッキリさせておきましょう。

まずは、年とともに脳の働きがどうなるかについて、みていきましょう。「年のせい」で、脳のすべては衰えていくのでしょうか。別の言い方をすると、「年のせい」はすべて良くない結果をもたらすのでしょうか。そのあたりのところから、お話を始めたいと思います。

アンチエイジングにアンチする

老化を食い止めるのは人類の夢

最近、「アンチエイジング」という言葉を、よく耳にします。アンチとは「対抗する」という意味で、エイジングは年をとるということなので、「老化を食い止めろ」くらいの意味になります。

私たちの歴史は、「アンチエイジングへの憧れの歴史」といっても過言ではないくらい、昔から多くの人が「不老不死」を目指してさまざまな取り組みをしてきました。今から二千年以上前、秦《しん》という国の始皇帝という人も、この夢に取りつかれて、晩年はいろんなことにチャレンジしたと伝えられています。そんな始皇帝が、あるときこんな噂を耳にします。「この国から海を渡って東にある島に、不老不死の薬草が存在する。その島に住む人々は、老いることも死ぬこともない」と。

この噂を信じて、配下の者たちにその島に行って不老不死の薬草を見つけてこいと命じた始皇帝。調査隊が不老不死の薬草を見つけて帰ることを期待したものの、待てど暮らせど彼らは帰ってこない。調査隊はどうしたかというと、その島にはたどり着いたものの、当たり前のように老いて死んでいくその島の人々の様子を見て、「ダメだこりゃ」と早々とあきらめてしまい、その島で余生を幸せに暮らしたということです。ちなみに、その島とはここ「日本」でした。

老化が止まると人は幸せか

なんとかして老化を止めることができたとします。そのような世界を、少しじっくり想像してみてください。私たちは、死ななくなってしまうわけですが、そうなるとどんなことが待ち構えているのでしょう。

私たちの悩みは、人間関係を基にしたことが大半です。トラブルを起こした相手も死なないわけですから、いつまでも悩みが続いて、気の休まる日もないかもしれません。「人間は慣れる生き物だ。そうした悩みやトラブルも、長い月日の中で慣れてくるだろう」という考えもあるでしょう。

では、今度はそっちで考えてみましょう。死なない私たちは、いつも、いつまでも、同じことを見たり聞いたりするので、そのうち感動もなくなります。いつまで経っても死ねないので、いろんなことに慣れ過ぎてしまい、気持ちは上がり下がりのない、平板な状態が続いてしまうでしょう。そうなると、誰もが動きのない同じような顔つきになってしまうかもしれません。それは、たとえばテレビなどによく登場する表情にまったく動きのない宇宙人そっくりの顔つきでしょうか。

そんな世界に、あなたは住みたいですか？　もしかすると、あの宇宙人はほんとにいて、死ねなくなった世界に嫌気がさして、ＵＦＯに乗って地球にやってきたのかも……。もはやＳＦの世界の話になってしまいますね。

人生最後のときをどう過ごすか

さて、このようなアンチエイジングへの憧れが生まれる背景に、「老化」に対して暗いイメージが伴いがちなことがあります。などと偉そうに言う私も、実年齢より少しでも若く見られると、小躍りしたくなるほど嬉しくなります。

だけど、本当に「老いる」ということは暗いことばかりなのでしょうか。脳の働きで老化を考えてみましょう。先ほどお話したように、「年をとると脳の働きは衰える一方だ」と考える人はたくさんいます。そうなると、脳もアンチエイジングの対象になってしまいます。「脳の老化も食い止めろ！」です。年をとると脳の働きはどうなるかを正しく知っておかないと、老年期という人生最後の円熟のときが、脳の老化を食い止める「戦い」のときとなってしまいます。

年をとると、脳の働きは衰える一方なのでしょうか。答えは、「いいえ」です。年をとることによって失うことは、間違いなくあります。しかし、年をとるからこそ得ることもあるのです。そのあたりの話に、踏み込んでみましょう。

老いがもたらす豊かさとは

知能は二つの側面からなる

人の脳の働き、すなわち知能は、「流動性知能」と「結晶性知能」に大きく分けることができま

す。

このうち、流動性知能とは初めての状況に慣れたり、新たな問題を解決したりする力のことをいいます。つまり、「初めてのものになじむ力」とでもいえるでしょうか。流動性知能は、若いころがピークで年とともに徐々に衰えていきます。「年をとっても流動性知能は若いもんには負けない！」と思う人もいらっしゃるかもしれません。では、次のことを想像してみてください。パソコンやスマホをこれまでまったく使ったことがない若者と高齢者がいたとします。どちらが、より早く使いこなせるようになるでしょう。きっと、若者の方が早く使い慣れるはずです。このような力を、流動性知能というのです。

一昔前までは、この流動性知能が人の脳の働きとして注目されていました。なので、専門家のあいだでも、「人の脳の働きは、年とともに衰える」と信じられてきたのです。ところが、そうした考えに異論を唱え、「人の知能は、何かを手際良く、手っ取り早く解決するだけではない」と主張する人たちが現れました。その結果、人の知的能力についても新しい考え方が生まれたのです。

人生経験による知恵

新しい考え方が生まれたといっても、人が突然変異を起こして急激に進化したわけではありません。これから紹介するその知能は、昔から人にしっかりと備わっていました。その知能を、結晶性知能といいます。結晶性知能とは、長い人生経験によって蓄えられた知識や知恵にみられる能力のことをいいます。ゆっくりと時間をかけて結晶が作られるように、長い人生経験を経て、積み上げられる知恵のことだと思ってください。結晶性知能は、年をとっても容易には衰えません。人生経験に基づく力なので、年をとればとるほど豊かになる可能性もあります。

私たちは、年とともにいろんな経験を蓄積することにより、ものごとの本質を見極めたり、さまざまな状況をまとめて判断したりする能力が卓越するのです。日本には、高齢者のことを「年の功」とか「知恵袋」という言葉で形容する文化もあります。年をとることによってしか到達できない「知の豊かさ」のようなものも存在します。流動性知能だけをみると、年をとると脳の働きは衰える一方という考え方が成り立ちますが、結晶性知能にも目を向けると、年とともに衰える一方とばかりいえなくなります。

人生をふり返ると見えてくる

これまでの人生をふり返ってみると、若いころはできたのに年とってできなくなったなぁということは、きっとたくさんあるでしょう。だけど、若いころだとうまくできなかったことが、年をとった今だからこそできるということもあると思うのです。

「面の皮が厚い」という言葉があります。面の皮は、元々厚いかというと然《さ》にあらず。たとえば、高速道路などで女性用トイレが混んでいたりすると、一部のおばさまは平然と男性トイレに入ってきます。もちろん、若いころからそんな大胆なことができていたとは思えません。ちなみに、若いころからそんなことができるような人のことは、「面の皮が厚い」とはいわず「無神経」といいます。長い年月を経ていろんなことを経験することによって、「いつ空くかわからない女性トイレを待つよりも、必ずどこかは空いている男性トイレを利用した方が合理的である」との判断が働いているのです。

こんなふうに、面の皮が厚くなるというのは、年をとることで得られる大いなる力なのです。たとえが悪かったために、ピンとこないあなたに、年をとることによる知恵のお話をさらに深めてみましょう。

姥捨て山はひどい話か

あなたは、姥捨《うばす》て山の話は好きですか？　私は、大好きです。「なんと不謹慎な！」とお怒りになる前に、姥捨て山の話をさせてください。

昔々、ある地方に悪い殿様がおったそうな。その殿様は、あるときこんなお触書を出した。「齢《よわい》六〇を過ぎた年寄りは山に捨てるように」それをしないと、ひどい目にあわされるという。

さて、ある村に若者がおった。この若者は、たいそう親孝行者だと村では評判だったそうな。若者は、老いたおっかぁと二人で暮らしておった。おっかぁは幾つだというと、とうに六〇を過ぎとったという。若者はおっかぁのことが忍びなくて、山に捨てることができなんだ。

ある年のこと。夏に日照りが続き、コメが不作となった。村人は相談しあって、この親孝行の若者を殿様に直訴に向かわせることにしたそうな。単身お城に乗り込んだ若者は、殿様に乞うた。

「お殿様、今年は村人総出で農業に励みました。じゃが、折からの日照りでコメが十分に取れなんだです。わしらの食う分を我慢しますんで、どうか年貢を減らしてくださいませ」

「ほうほう。そちらも大変だったのぅ。よし。今年はお前たちの村の年貢は放免してやろう。ただし……」

「ただし、なんでしょう」

「灰で縄をしっかりなえたらの話じゃ。それができなければ、おまえを死罪とする」

灰で縄を作れるわけはない。これは、事実上の死刑宣告じゃった。若者はトボトボと重い足を引きずり家路に着いた。

家で待っていたおっかぁは、元気ない息子をみて尋ねた。「どうだった。殿様は聞き入れてくださったか」若者は殿様から言われたことをすべて話し、どうすることもできないと泣きだしてしもうた。

するとおっかぁは、「なんだ、そんなことか」と大笑いして、こう言うた。「そんなの簡単だ。まず、縄をしっかりなえ。そして、それを燃やしたらええ」と。

灰でできた縄を見せられ、それが老いたおっかぁの知恵であると伝えられた殿様は、年寄りの知恵の豊かさに感じ入り、それ以来姥捨ての風習をやめ、年寄りを「古老」として大切に敬

うようになったという。

老いによってしか到達できない豊かさ

どうです？　姥捨て山のお話、まだ嫌いですか？

おっかぁの授けた知恵は、「逆転の発想」です。このような「逆転の発想」こそ、年をとって得られる知恵の一つだといわれています。年をとるにつれ、逆転の発想ができるようになる理由として、幸福にみえたことが不幸の始まりだったり、その逆に不運だと思っていたことが幸運につながったりという逆転現象を、人生において身をもって何度も経験することによるものと考えられています。人生経験がもたらす知の豊かさといえるでしょう。そして、これは「老い」によってしか達成できない豊かさです。

一昔前まで、高齢者は「古老」あるいは「知恵袋」と呼ばれ、家族や村落の中でどっしりと腰をおろし、家庭や地域で起こった困難な問題に対して知恵を授け、若者はそのような高齢者を「年の功」として敬う文化がありました。ところが、今の社会では、より速く、より効率良く生産性を上げることにばかり価値が見いだされ、その結果熟達した高齢者の能力を「時代遅れ」と評価する風潮も一部にあります。いかに損をしないように、手っ取り早く結果を出せるかという価値観を原動力として、社会の動きはますます加速しています。

私たちは、その動きについていくのに精一杯で、生きていくことによって積み重ねられるさまざまな感情のこもった体験を存分に味わえていないのではないでしょうか。そのような一元的な価値観が強く世の中を動かす社会は、その価値観に見合わない人にはとても窮屈で、無理を強いる生き方が求められることになります。当たり前ですが、人の価値観は多様で、何を大切に生きたいかが人それぞれに違うからです。

社会の価値観に幅を取り戻す

今のような時代だからこそ、さまざまな体験を重ねてきた高齢者の知恵が求められる社会が、もう一方にあってほしいと思います。どちらが良いということではなく、どちらもあるという幅の広さが、人本来の持つ健やかさを支えてくれます。

私は、良い悪いという極端な二つの立場ではなく、その間を自由に漂える幅の広さが、人の幸せに深く絡んでいると考えています。たとえば、マイナス思考でクヨクヨしているとき、なんとかがんばってプラス思考を作り出してみても気持ちは晴れません。その訳は、プラス思考が極端すぎて心から納得できないからです。同じように、マイナス思考も極端です。

マイナス思考やプラス思考に偏るのではなく、考え方の幅が広がり柔軟な発想ができると、人はしなやかに生きられます。「三人寄れば文殊の知恵」という言葉があります。あの言葉は、二人だと両極の意見に分かれるけれど、三人だと両極にもう一つの点が加わって三角になり、幅の広いバランスのとれた考えが浮かぶということを言っているのです。

長い時間をかけて熟達したスキルによって独自の結果を生み出す高齢者の存在は、最低のコストで大量生産できて画一的な結果を生み出す現代の趨勢と対極に位置します。コストパフォーマンスを重視する組織の考え方に縛られない高齢者に、社会でもっと活躍していただく。そのことが、社会の価値観に幅を取り戻す一つの力になり得ると思うのは、私だけではないでしょう。

ラベルを貼ると見えなくなる

ここまでみてきたように、加齢による脳の働きの変化には、獲得と喪失という二つの側面があります。ところが、「年だから」というラベルを貼ることで、その人の持つ全体像を見えなくさせてしまいます。ラベルを貼ると、その人のことがわかったようなつもりになります。たとえば、「あの人は認知症だから」と理解することで、その人の行動の訳がすべて理解できたかのような錯覚に陥ります。しかし、実際はそのラベルから浮かぶイメージに振り回されて、ちゃんとした判断ができなくなるのです。血液型で性格を理解することなど、その典型です。「O型は大雑把」というラベルを通してO型の人を見ると、その情報に見合う態度に目が向きやすくなります。本当は、O型の人にも繊細なところもあるのに、大雑把という情報と一致しないそうした態度は流されてしまうのです。がんばり屋さんな私は、O型であるという理由で受けた誤解に何度涙したことか……。

ラベルを貼ることには、その人の持っている力を見えなくさせるという問題もあります。「ダメ人間」というラベルを自分に貼ってしまうと、自分の良いところが見えなくなってしまいますよね。同じように、認知症というラベルを通して相手を見ると、できなくなったことや困った行動に注目し過ぎてしまい、その人の持ち味に目を向けることが難しくなります。ラベルを通した理解も必要ですが、もっと大切なことはラベルを通してだと絶対に見えてこないその人の理解です。もちろん、そんなこと簡単にできるわけでもありません。だけど、「あの人は○○だから」とラベルを貼って見ようとする自分がいることを意識することから始める。そうして、少しずつラベルを貼って人や物

事を見る視点から自由になってもよいのかもしれません。

少子高齢化は完全悪か

少子高齢化が問題視されることがよくあります。確かに、労働人口が減り社会保障制度を維持することが難しくなるなど、少子高齢化にはさまざまな問題もあります。しかし、少子高齢化は日本のたどった二つの発展の恩恵と捉えることもできるのです。

まず、少子化。かつての日本では、地域や家族が本人の想いを差し置いて、結婚相手を決めて結びつけるなんてこともありました。社会が何となく共有した「結婚適齢期」を過ぎても結婚しない人を、「行き遅れ」という言葉で表現したのも、早くに結婚することを良しとする社会的価値観があったからでしょう。

でも、人はそれぞれ価値観が異なるため、それを形にした生き方も本来多様であるはずです。早くに結婚したい人もいれば、婚姻という関係にこだわらない人もいる。子どもを望まないカップルもいます。少子化というのは、人それぞれの多様な価値観をそのままに生きることを認める社会に、日本が徐々に近づいてきた結果とみることもできるのです。

一方、高齢化についても、平均寿命が短かった一昔前までと比べ、長寿を可能にする科学と文化の進歩により、長生きできる人が増えてきたという良い側面があります。

こうしてみると、少子高齢化は解消されなければならない問題ではなく、人それぞれの多様な生き方と健康をどのように維持すればよいか、その仕組みを考えるための課題として捉えることができます。私たちに訪れる出来事を、自分たちを困らせる「問題」というラベルで理解すると後ろ向きな気持ちになりますが、より良く生きるための「課題」というラベルで理解すると、前向きな気持ちになりますね。

せっかく訪れた少子高齢化の世の中を、少しでも充実して暮らしていくために何ができるのか。認知症について理解を深めることは、その問いに対する答えの一つになるのです。年をとると脳の働きはどうなるかという話はこの辺で終えて、次回からは認知症について詳しくみていきましょう。

第2章 今そこにある認知症の世界

思った以上に身近な病

認知症とは

認知症は、脳の老化がもとで起こる脳の病気です。脳の主だった部分を大脳といいますが、大脳が壊れてうまく働かなくなり、日常生活に支障が出てしまう病気のことです。

大脳の表面を「大脳皮質」といい、厚さ二〜四ミリ程度の層からなり、中には神経細胞がびっしり詰まっています。一方、大脳皮質の内側には神経細胞同士をつなぐ神経線維の束があり、白く見えるので「大脳白質」と呼ばれます。

認知症のうち表面の大脳皮質が壊れるのがアルツハイマー型認知症やレビー小体型認知症などの病気、奥にある大脳白質が壊れるのが脳血管性認知症です。このように、認知症にはさまざまな種類があります。

認知症で最も多いのはアルツハイマー型認知症であり、認知症全体の五～六割を占めます。次に多いのが脳血管性認知症で、認知症全体の一～二割を占めます。この二つが認知症全体の七割前後を占めるので、あとで述べる認知症予防の章では、これらの病気の予防について述べていきます。

普通のもの忘れと病的なもの忘れ

認知症の症状で真っ先に思い浮かぶのは、もの忘れでしょう。だけど、生きていると誰でももの忘れをします。普通のもの忘れと病的なもの忘れの違いは何でしょうか。

普通のもの忘れは、たとえば朝ごはんに何を食べたか尋ねられて、「ご飯とみそ汁と卵焼きと……。えーと、あと何だっけかなぁ」と残りを答えられずにいて、「魚料理で何かありませんでしたか?」とヒントを出されて「あ、鮭の塩焼き!」と思い出せる状態をいいます。

それに対して病的なもの忘れは、朝ごはんに何を食べたか尋ねられても、「食べてないです」という答えになります。自分のしたことがごっそり抜け落ちてしまっているのです。「魚料理を食べませんでしたか」とヒントを出されても答えが出てこないような状態です。

このように、ヒントを与えられると思い出せることを「再認」といい、これができないのが病的なもの忘れということになります。外出先から戻ってきて、鞄の中にある通帳を見た途端に「銀行に寄るのを忘れた！」と思い出したり、隣の部屋に行ったのに何をしに来たのか忘れて、元いた部屋に戻った途端「爪切りを取りに行ったんだった」と思い出したりするのは再認の力であり、誰にでもみられるもの忘れです。

記憶の入口で頭に取り込めない

なぜ、病的なもの忘れは自分のしたことをごっそり忘れてしまうかというと、記憶の仕方に問題があるからです。

私たちの記憶は、三つの段階から成り立ちます。最初の段階を「記銘《きめい》」といい、目で見たり耳で聞いたりしたことを頭の中に取り込むことです。そして、取り入れた情報を頭の中に留めておくことを「保持」といいます。頭の中に留めた情報を取り出すことを「再生」といいます。

朝ごはんに何を食べたか尋ねられて、あと一品思い出せないとき、「魚料理」というヒントを与えられて「鮭の塩焼き」と答えられるのは、頭の中に留めている（保持）情報を、スムーズに取り出せない（再生）という出口の問題です。

それに対して、朝ごはんを食べたことすら覚えていないのは、食べたという体験を頭の中に取り込む「記銘」がうまくできていない入口の問題です。認知症による記憶障害は、目で見たり耳で聞いたりしたことを頭の中に取り込めないという「入口の問題」として始まります。

認知症が進むにつれ、頭の中に留めておく「保持」も難しくなるため、昔の記憶も思い出せなくなります。

誰でもかかる病

現在、日本全国に認知症を患った人は、五〇〇万人はいるといわれています。五〇〇万人と聞いても、いまいちピンとこない人もいるでしょう。日本の人口は、だいたい一億二千万人なので、国民の二四人に一人が認知症であるということになります。こう考えたら、その数がいかに多いかが実感できます。

認知症が今の時代注目されるのは、日本が超高齢社会を迎えたからでもあります。六五歳以上の高齢者が世の中に占める割合が七%を超えると「高齢化社会」、一四%を超えると「高齢社会」、二一%を超えると「超高齢社会」といいます。七の倍数で呼び名が変わるので、覚えやすいですね。

どうして、高齢者の数が増えると認知症が注目されるのか。それは、認知症の発症に高齢化に伴うある変化が関係しているからです。

私は、占い師ではありませんが、一つだけこれから先に何が起こるか予言することができます。それは、「これからしばらくの間、認知症の患者さんが確実に増える」ということです。なぜなら、認知症の一番の危険因子は「加齢」だからです。危険因子とは、肺がんなら喫煙が、肝臓病ならお酒の飲み過ぎがそうであるように、その病気になる確率を高める要因のことです。

認知症は年とともに増える病です。六五歳以上で七人に一人が、八五歳以上で三人に一人が認知症になるといわれています。このように、認知症とは年を重ねれば重ねるほど、誰でもかかりやすくなる病気なのです。そして、そのカラクリが次第に明らかになってきました。

年とともに増えるカラクリ

年とともに認知症が増えるカラクリを、認知症の中で最も多いアルツハイマー型認知症でみてみましょう。

アルツハイマー型認知症が発症する引き金は、β（ベータ）タンパクが脳の神経細胞の外側に溜まっていくことだといわれています。このβタンパクは、四〇歳代あたりから溜まり始める人が現れます。βタンパクはゴミのようなものだと思ってください。

私たちは誰しも、生きていれば必ずゴミを生み出します。当然、三〇歳代以下の若い人にも、このゴミは脳内に作られています。では、なぜ若者にはこうしたゴミが溜まらないのでしょう。ここで、掃除機を想像してみましょう。買ったばかりの掃除機は、吸引力に優れているのでゴミの拾いもらしはありません。

ところが、長年使い続けていくと掃除機もくたびれて吸引力が落ちてしまうため、ゴミの拾いも

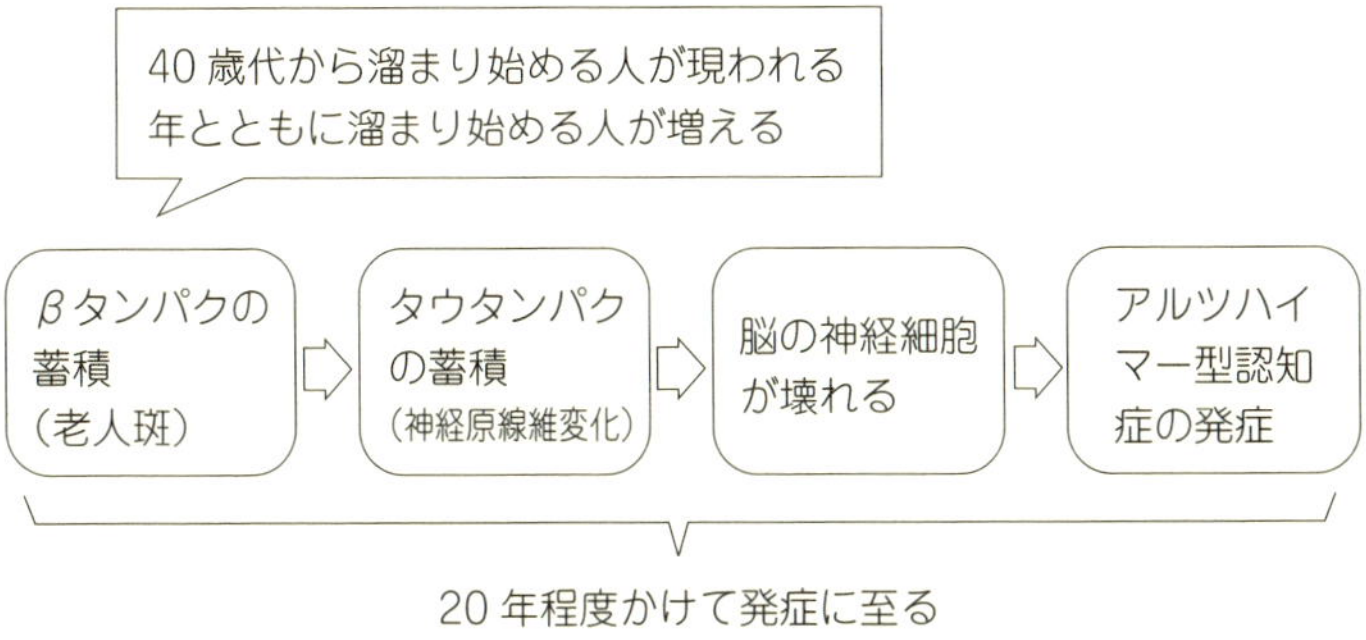

図1　年とともに認知症が増えるカラクリ

らしが出てきます。買ったばかりの掃除機が三〇歳代までで、くたびれが出始めた掃除機が四〇歳代以降なのです。こう考えると、古い掃除機がいとおしくなりますね。

神経細胞の外側にβタンパクが溜まり、それが重なったらβアミロイド（老人斑《ろうじんはん》）という塊になります。そうなると、今度は神経細胞の内側にタウタンパクが溜まり（神経原線維変化《しんけいげんせんいへんか》）、神経細胞が壊れてしまいます。

外堀が埋められたうえに内堀まで埋められてしまっては、その城は裸城となり陥落してしまうのと同じです。こうやって、脳の神経細胞が少しずつ壊れていき、情報のやりとりがうまくできなくなってアルツハイマー型認知症を発症すると考えられています（図1）。

最初の引き金であったβタンパクが溜まり始めてアルツハイマー型認知症を発症するまでに、およそ二〇年程度かかるといわれています。ですから、四〇歳代から二〇年ほど後の六〇歳代にアルツハイマー型認知症の患者が一気に増えるわけです。

そして、βタンパクは年とともに溜まり始める人が増えることがわかっています。四〇歳代では五％程度ですが、五〇歳代では一五％程度、六〇歳代では三〇％程度、七〇歳代では五〇％以上の人で、このタンパクが溜まり始めます。これが、年とともに認知症が増えるカラクリです。つまり、認知症は長生きをすれば誰でもかかりやすくなる病気だといえます。

認知症になるとこんな世界を体験する

何気ない一日の生活

朝、目覚めると、私は眠い目をこすりながらリビングルームに入った。そこには、食事の準備を済ませた娘の美智子がいる。「おはよう」とあいさつを交わし、昨日あった出来事を喋りながら朝食を終える。今日は休日だから、朝からテレビでも観てゆっくりしようか。テレビをつけると、心が痛む事件が報道されている。気持ちが沈みそうだったので、先週録画したドラマを観ることにした。

一通り観終えて、私はパジャマを脱いで外出用の服に着替えた。今日は何をして過ごそうか。そうだ、昼から友達とランチの約束をしていたのだった。それまで二時間ほどあるか。そういや、最近エアコンの調子が良くないので、それまで電器店にでも行ってエアコンを見てみよう。私は、トイレで用をたしたあと、家を出て車に乗って電器店に向かった。

認知症になるとどうなるの

朝、目覚めると、私は部屋を出た。隣の部屋に行くと、知らない女性が食事の準備をしている。「あ、あんたは、誰だ?!」ビックリして大声を出す私に、女性は「何言ってんの。美智子じゃない」と応える。美智子? 誰だ、それ。「お父さんの娘の美智子じゃない。どうしたの、急に」。女性は、自分が私の娘だと言う。どういうことだ。

気を静めようと、テレビをつける。あれ? どうやって使うんだっけ? 使い方がわからずオロオロしている私に、その女性は「この間録画したドラマが観たいんでしょ。ほんとにどうしちゃったの?」と言いながら、録画したドラマを流してくれた。私は、ドラマを観ながら不安になった。話の筋がまったくわからないのだ。

食事を終えてその場を離れ、特に予定もないけどとりあえず外に行こうとパジャマを脱いだ。なんだか、いつもより脱ぐのに時間がかかったような気がした。そして、服を着ようとした。だけど、うまく着ることができない。どうしちゃったんだ、私は……。

途方に暮れながら、トイレに行こうとした。だけど、どんなに家の中を歩いてもトイレが見つからない。さては、あの女の仕業だな! 私は、女性を見つけると、勝手に家の中を改造して、トイレの場所を変えたことを責めた。女性は、「何バカなこと言ってんの! トイレはあそこにあるでしょ!」と大声で私をなじった。私は、自分が壊れていくような感覚に襲われた……。

当たり前が当たり前でなくなる

認知症になるということ。それは、今まで当たり前のようにできていたことが、当たり前でなくなるということです。冒頭に登場した彼が認知症になると、これまでの何気ない生活が一変します。場所がわからない、相手が誰だかわからない。ドラマを観ても、筋が追えなくなる。今まで普通に使えていた電化製品が使えない。予定を覚えられず、段取り良く行動できない。衣服の着方や脱ぎ方がわからない。このように、できないことがどんどん増えていって、あなたは平静でいられるでしょうか。

どうしてこのようなことになってしまうのか。それは、認知症によって脳の働きがこれまでのようにうまく使えなくなるからです。生きていると当たり前のようにしている単純なことですら、脳の働きの恩恵を受けていることがよくわかりますね。

さて、この話の主人公は、トイレの場所がわからない理由を、「知らないあの女の仕業」のせいにしています。このように、ありもしないことを、「そうに違いない」と確信してしまう状態を妄想といい、認知症の人にしばしばみられます。でも、本人にしてみれば、そう思わないと説明がつかないのです。

それほどまでに、認知症に伴う生活の変化は、本人にしてみれば衝撃的なことなのです。そのため、認知症の人は不安や心細さを感じやすくなります。認知症の人へのケアは、安心感を支えることが大切だといわれる理由がここにあります。

認知症の成り立ちもいろいろ

認知症には、何十種類もの病気があります。中でも最も多いのが、アルツハイマー型認知症、脳血管性認知症、レビー小体型認知症です。アルツハイマー型認知症とレビー小体型認知症は大脳の表面の大脳皮質が壊れる病気で、脳血管性認知症は大脳の奥にある大脳白質が壊れる病気だと、以前説明しました。そういう意味で、アルツハイマー型認知症とレビー小体型認知症は同じグループにいるともいえますが、異なる点もたくさんあります。

まず、アルツハイマー型認知症はβ《ベータ》タンパクが神経細胞に溜まり始めるのがきっかけでしたが、レビー小体型認知症はα《アルファ》シヌクレインというタンパクが溜まり始めるのがきっかけになります。「アルファだ、ベータだ、ややこしい横文字が次々と出てきて、もうガンマ（γ）ならねぇ」とお思いの人もいるかもしれませんが、ややこしい横文字が出てくるのはここまでですので、ガマンしてください。

このαシヌクレインがたくさん溜まってできた塊を、レビー小体といいます。ちなみに、患者さんの多いパーキンソン病は、レビー小体が脳の奥深くにある脳幹という場所にできる病気です。認知症といえばもの忘れと思う人も多いでしょうが、レビー小体型認知症は初期ではもの忘れがみられないこともあります。代わりに、うつ状態になったり、幻視といわれる見えないものが見えてしまう症状から始まることが多いようです。

一方、脳梗塞や脳出血などの脳血管障害によって生じる認知症を、脳血管性認知症といいます。動脈硬化によって血の巡りが悪くなり、そのせいで血の塊（血栓）ができて血液が流れなくなることが原因です。他の認知症と比べ、脳血管性認知症では意欲がなくなることが多いようです。

単なる年のせいではない

このように、どの病気を患うかで症状の出方に違いもありますが、どのような認知症であっても、進行とともに必ずみられる症状があります。それを「中核症状」といいます。中核症状については、あとで詳しくみていくとして、認知症の成り立ちについて少し説明したのには訳があります。

私は、あなたにβタンパクやαシヌクレインという言葉を覚えてほしいわけではありません。受診した病院で、医者から「レビー小体型認知症かもしれませんねぇ」と言われて、「ははぁ。いよいよαシヌクレインが溜まり始めましたかぁ」と応えても、医者はひくだけです。こうした情報を患者側が知っていることで、医療や介護の質に違いが出るわけでもありません。

認知症の成り立ちがそれぞれあるということを知ること。それは、認知症が単なる年のせいではないということを理解することでもあります。

認知症を年のせいだと考えて、認知症の人の示す行動をなんとか正そうとする話をいたるところで耳にします。つまり、「そうした行動は年のせいだから、言えばなんとかなる」と思っているのです。あなたは、風邪をひいて熱が出た人に、「熱を出すな」とは言いませんよね。認知症の人に「何度も同じことを言わないで」とか、「もっとしっかりして」などと叱責するのは、風邪をひいている人に「熱を出すな」と言うのと、なんら変わらないのです。

年のせいだと考えて、受診が遅れるケースも少なくありません。認知症は、いったんなってしまうと治らないイメージが強いですが、実は治る認知症もあります。ここで紹介した三つの認知症は、まだ根本的な治療法はありませんが、早めに見つかると病気の進行を遅らせてくれる

薬もあります。

気になったら早めに受診していただくためにも、認知症は年のせいではなく脳の病気だと理解することが大切なのです。「記憶にございません」は言い逃れの常套句ですが、「記憶がありません」は年のせいばかりではないのです。

認知症の症状は二つに分かれる

認知症の症状は、中核症状と行動・心理症状（ＢＰＳＤともいわれる）に大きく分けられます。このうち、中核症状とは認知症の種類を問わず、認知症全般にどこかの段階で必ず現れる症状のことをいいます。「認知」とは脳の働きのことをいいますが、文字通り脳の働きが障害をきたした状態が中核症状なのです。

今、あなたがこの文章を読んでいる間にも、実はたくさんの脳の働きが使われています。「今は認知症の症状について解説しているのだな」という記憶が働いているから、話の筋が追えるのです（記憶機能）。今がだいたい何時ごろで、ここがどこで、周りに誰がいるかを認識しています（見当識機能）。文章を集中して読みつつ、台所で湯を沸かしているのなら、そちらにも適度に注意を向けています（注意機能）。このあと、家事をしたり外で用事をこなしたりする予定が控えていたら、これからの予定を段取り良くこなすために、この本を読む時間配分を調整しているはずです（遂行機能)。

認知症の診断の決め手は、脳の働きの低下によって「生活に支障がでること」です。脳のさまざまな働きは、私たちが日常生活を当たり前のように過ごす裏方として絶えず働いてくれているので、それらが機能しなくなると、これまでのように生活を送ることが難しくなるのです。

いつか必ず現れる中核症状

主な中核症状についてみてみましょう。

認知症の初期では、昔のことはよく覚えているのに、ついさっきのことを忘れるということがあります。これは、記憶障害によるもので、そのため同じことを何度も言ったり尋ねたりするのです。周りの人にしてみれば、「また同じこと言ってるよ」って思いますが、本人は初めて言ったつもりなのです。初めて言ったはずなのに、「さっきも同じこと言ってたよ」と周囲の人から真顔で言われると、混乱しますよね。しっかり覚えていた昔の出来事も、認知症の進行に伴い徐々に忘れていきます。

時間や場所、人を認識する力を見当識といい、「今はいつ？　ここはどこ？　あなたは誰？」という状態を見当識障害といいます。認知症の進行に伴い、最初に時間、次に場所、最後に人がわからなくなります。時間がわからなくなると、たとえば今日が何年の何月で今の季節はいつかといったことがあいまいになります。場所がわからなくなるせいで、外出しても家に帰ることができないというとても心細い事態に陥ります。家の中にいても、トイレの場所がわからず失禁してしまうということもあります。「トイレの場所がわからないなんてどれだけ広い屋敷に住んでるの」と思うかもしれませんが、お部屋が三つ程度ある典型的な日本家屋でそのようなことになります。人がわからなくなるせいで、自分の配偶者や子どもを見ても、その人が配偶者や子どもだとわからなくなることもあります。身近な存在がわからないなんて、本当に心細いことです。

私たちは、これから何をするか、それをするためにどのように動けばよいか、それを実際にやってみてどうだったかという段取りを、日々の生活の中で何気なくやっています。この段取り良く行動する力を、遂行機能といいます。遂行機能が障害を受けると、順を追って進めていく一連の行動が難しくなるため、仕事や家事の要領が悪くなります。認知症の人の作る料理の味付けが変わったりするのは、遂行機能の障害によります。

注意がそれずに一つのことに集中したり、複数のことに同時に注意を向けたりすることを、注意機能といいます。注意機能が障害を受けると、物事に集中できなくなったり、二つのことを同時にしようとすると混乱したりします。認知症の人では、高速道路の逆走がしばしば起こりますが、これは運転するということと標識を確認するという二つのことを一緒に行うことができない注意機能の障害の現れでもあります。

そのほかに、体は特に問題ないのに衣服を脱いだり着たりすることができなくなる失行や、話したい言葉が出てこなかったり、相手の言ったことが理解できなかったりする失語などの症状もあります。

ここまで、主に脳の働きについて説明しました。けれども、認知症は脳の働きの障害だけがみられる病気ではありません。たとえば、アルツハイマー型認知症だと、進行とともに脳全体がやせ細っていきます。その結果、うまく歩けなくなったり、食べられなくなったりという体の働きも障害されます。そして、最後は物をうまく飲み込めなくなり、それがもとで肺炎を起こして亡くなります。

アルツハイマー型認知症は、死因となる病気なのです。「死因って、死亡の原因だよね。え?! 認知症で死ぬってこと?!」と驚かれた人は多いのではないでしょうか。あまり知られていませんが、認知症は死因となり得る病気です。アメリカの調査によると、アルツハイマー型認知症による死亡は全死因の中で一〇位以内に入っています。

さて、中核症状の具体的な様子や認知症が死因になるとか、認知症について少し怖いイメージやつらいイメージについて述べましたが、これには訳があります。

外出先から帰ってきたら、手洗いやうがいが推奨されます。これは、風邪を予防するためです。だけど、誰もが手洗いやうがいをするわけではありません。風邪はひくかもしれないけれど、ひいたところで大したことはないと思っているからです。風邪が致死率一〇〇%の病気だと、誰もがこぞって手洗いやうがいをするでしょう。

ここから、病気を予防するための習慣を後押しする「考え方」が見えてきます。それは、「その病気になったら、重大な結果を招く」という理解です。先ほど、認知症について怖いイメージを伝えたのは、あなたにも認知症予防の習慣を持っていただきたいからです。

その立場にいれば誰もがそうなる

認知症の人は病識がない?

認知症の患者さんに、「生活で何かお困りのことはありませんか?」と尋ねると、「特にないです」との答えがよく返ってきます。このような状態を病識の欠如といいます。病識とは、自分が病気であるという自覚のことです。

実は、私は「認知症の人には、病識がない」という考えに、ずっと違和感があります。確かに、もの忘れの自覚がなかったり、あったとしてもそれで困らないと答えたりするのは、教科書的には「病識の欠如」として説明できます。だけど、これまでの生活を困難にする症状に自分の存在を縛られて、本当に何事も感じていないはずはないのです。

認知症の人は、症状についての客観的な理解はできなくても、私たちが決して想像もできないような主観的な苦しみを体験しているはずです。自分では初めて尋ねたつもりなのに「何度も同じことを聞くな」と叱られたり、自分のいる場所が長年住み慣れた家だとわからなかったり、自分では仕事をしているつもりなのに周りから迷惑がられたり。

「忘れる」、「間違いに気づかない」、「ちぐはぐなことをしている」という症状への気づきがなかったとしても、こうした症状に伴う不安、心細さ、みじめさ、混乱などの体験は当事者にしかわかりません。そういう意味で、認知症の人は計り知れない孤独に置かれているのです。これから紹介する症状は、こうしたつらい気持ちによって起こりやすくなります。

環境要因の強い行動・心理症状

認知症のもう一方の症状を、「行動・心理症状」といいます。英語で、Behavioral and Psychological Symptoms of Dementia というので、その略称のＢＰＳＤと呼ばれることもあります。不安、抑うつ、妄想、意欲低下などの心理症状と、徘徊、暴言暴力、介護への抵抗、不潔行為などの行動症状からなるので、このように呼ばれています。レビー小体型認知症における幻視（見えないものが見えてしまう）のように、脳の病変によって生じるものもありますが、基本的には中核症状を背景にして生じる不安や心細さ、混乱などをベースに、周囲との関わりの中で生じます。つまり、環境要因の影響が大きい症状といえます。

それを裏づけるような興味深い研究があります。東京と沖縄では、どちらに住んでいる認知症の人に行動・心理症状がより出やすいかを調べてみたところ、東京に住んでいる人の方に出やすかったというのです。認知症の程度は、どちらも同じなのにです。その訳は、沖縄には高齢者を敬う文化があり、そうした環境で過ごすことで、行動・心理症状の発症を防ぐことができたのだと考えられています。

ただし、行動・心理症状が現れる原因を、介護をしている家族のせいにするのは大きな誤りです。当事者もつらいですが、介護をしている家族もまたつらいのです。介護の苦しみを理解せず、傍から「環境が」と責めるようなことがあってはいけませんし、問題の解決にはつながりません。今の症状を少しでも軽くするには、家族として何ができるのかを考えた方が生産的です。

行動・心理症状は、実は突拍子もない症状ではありません。

想像してください。見ず知らずの人が突然やってきて、「お風呂に入りましょう」と言って衣服を脱がそうとしてくれば、どうしますか？　きっと激しく抵抗するはずですよね。認知症の人にこうした行動が現れると、行動・心理症状の「介護への抵抗」と理解されます。

再び想像してください。人と会っても話題についていけなかったり、何かをしようとしてそれがうまくいかず、他人から注意されたりすることが重なって、何かをしようという意欲がわきますか？　積極的に人前に出たり何かをしようという気になれないのではないでしょうか。こうした反応が認知症の人に現れると、行動・心理症状の「意欲低下」として理解されます。

周囲が「病気だ」と思う認知症の人の行動は、その立場に身を置くと実は誰でもしてしまう「当たり前」の反応です。「認知症の人の気持ちや行動が理解できない」と思うこともあるかもしれません。だけど、認知症によってどのような立場に置かれているかを想像すると、認知症の人が体験している気持ちや行動が身近なものとして理解できるのではないでしょうか。

第3章 認知症でも奪えないその人の持ち味

これまで通り社会の中で生きたい

認知症になると友達が減る？

認知症になった人の多くが、「認知症になって、友達が減った」とおっしゃいます。実際、ある調査でも認知症になった人の七割近くが、「認知症になったら友達に会うのをやめた、または減った」と答えています。

これは、認知症の人側の事情もあります。先の調査では、「友達と会う約束、時間や場所を忘れてしまう」、「電話やメールなどの通信機器を使うことが難しい」、「他の人たちとの会話についていけない」、「友人・知人とうまくコミュニケーションをとる自信がない」などの不安が、当事者から挙げられています。こうした不安を抱えていたら、これまで通り積極的に人と会うのが気後れするのもわかります。

一方で、周囲の人側の事情で認知症の人の社会的な交流が減ってしまうことも少なくありません。認知症という病気をよく知らないために、認知症になったら「何もできなくなる」とか「何もわからなくなる」と思い込んでしまうと、「友達づきあいなんて、もうできないだろう」という発想になってしまう人もいるでしょう。また、「今まで元気に暮らしていたのに、認知症になってみじめだろうな」という想像から「とてもそんな状態で、人には会いたくないだろう」という思い込みに発展すると、認知症を患った相手に会うのを遠慮するかもしれません。

しかし、認知症になったことを人に知られたくないと思っている人は、実はそれほど多くはありません。多くの人は、これまで通り友人や知人との交流を望んでいるのです。どんな病であれ、人づきあいをあきらめる理由にはなりません。

ちなみに、前章のおわりに、「認知症によってどのような立場に置かれているかを想像すると、彼らが体験している気持ちや行動が身近なものとして理解できる」とお話しました。「友達づきあいなんて、もうできないだろう」とか「とてもそんな状態で、人には会いたくないだろう」というのも想像です。なのに、認知症の人の気持ちや行動の理解にはつながっていません。この違いは、認知症という病気を「知った上での想像」か「知らない上での想像」かです。

認知症という病気を知った上での想像は、より認知症の人の体験に近づけます。多くの人が認知症について理解を深めることで、認知症の人の体験に近い想像を働かすことができる。そうしたことが、認知症の人への対応をより良くします。その結果、その地域は「認知症になっても安心して暮らせる地域」により近づくのです。

誰が変わるのが良いか

認知症を患った多くの人は、これまで通り周囲の人とつきあいたいと考えていますが、それでも気後れしてしまうだけの不安も実際にあります。ここで、「そんなこと気にしないで、外に出ようよ」と認知症の人の積極性に期待するのは酷だと思います。思いがけず認知症と告知され、不安や心細さと向き合いながら認知症を抱えてしまった自分に適応しようとしている彼らに、「積極的になりましょう」とさらなる努力を求めるのは、筋が違うと思うからです。

人と会うのに気後れする不安要因を周囲の人がサポートできれば、多くの人が友達とのつきあいを続けることができます。認知症は、誰もがなり得る病気です。「あなたは認知症の人、私は認知症ではない人」ではなく、「あなたは認知症の人、私もいずれ認知症になり得る人」という立場で関わると、必要以上の同情や遠慮を抱かずに、つきあいを深めていくことができるのではないでしょうか。

症状が急に進むわけではない

「認知症になったら何もできないし何もわからない」と私たちが思い込むと、友達づきあいもできないのではと考えてしまいそうです。しかし、認知症になったからといって、すぐに何もかもできなくなるわけではありませんし、人との交流ができなくなるわけでもありません。

私は、非常勤で勤めている病院で月に一度「ダンディの会」という集まりを楽しませてもらっています。なにも私がダンディだと言いたいわけではありません。参加者がダンディなのです。この会は、病初期の認知症の男性グループです。

軽い認知症に適したサービスは、まだ十分に整っていないのが現状です。そして、デイサービスなどへの軽い認知症の男性の利用率は、女性と比べて決して高くはありません。そこで、軽い認知症を患った男性だけを対象とした「ダンディの会」を立ち上げました。

当初は、参加者がそれぞれふり返りたい過去を回想して、みんなで感想を分かち合うということをしていました。そのうち、自分の病状や悩みごと、日頃の楽しみのようなプライベートなことまで分かち合うようになりました。「デイサービスは童謡を歌ったり遊んだりするところで、大人が行く場所ではない」とデイサービスの利用を頑なに拒んでいた男性も、他の参加者がデイサービスを利用する様子について話すのを聴いているうちに、いつしか利用できるようになりました。

ダンディの会での皆さんの様子は、とても自然体で気負いはまったくなく、あるがままの自分にしたがって生きている等身大の姿です。ついつい気負ったり虚勢を張りたくなったりする私には、そうした彼らの姿はとてもダンディにみえます。認知症になったからダメなのではなく、認知症になっても趣味を楽しんだり世間について考えたりと、世の中を自分なりにしっかりと味わえることを、彼らは身をもって教えてくれています。

多くの場合、認知症は長い時間をかけて少しずつ症状が現れます。認知症と診断された後も、しばらくの間一人暮らしをしている人はたくさんいます。拙いところが出てきたとしても、これまで通り買い物に行き、料理を作り、余暇を楽しみ、お風呂に入っているのです。ついさっきのことを忘れてしまっても、その人の知識や想い出は認知症が進んでもたくさん残っています。そして、そのときの出来事を忘れてしまっても、人とのつきあいで体験した充実感はハッキリと残っています。

多くの人が、認知症の人の「できなさ」に注目してしまうのは、認知症という枠でその人を見てしまうからです。認知症という枠を外すと、その人の何が見えてくるのでしょうか。このことについて、認知症が進んでしまった人を通して考えてみましょう。

どのような人にも持ち味はある

認知症という枠を外してみると

第2章では、認知症とはどういう病気なのかをみてきました。認知症の人の脳はどのような病変で侵され、どのような症状に苦しむことになるかという記述が多かったと思います。それは、「認知症」という病気に焦点をあてて、そこから認知症の人を見ているからです。

しかし、ここに大きな落とし穴もあります。それは、「認知症」という枠を通してその人を見ることで、その人の全体を見損ねてしまうということです。認知症という枠に適った相手の様子を見ることはできても、その人の持ち味や強みといったポジティブな面が見えなくなってしまうのです。直径の小さな筒を通して絵画を観ると、その筒の範囲のものしか見えませんが、実際は筒の外側にはいろんな色彩を使った絵が広がっています。認知症という枠を通して人を見るのは、小さな筒を通して絵画を見るのと同じで、全体が見えません。

ここからは、認知症という枠を外して見るとどんなことが見えてくるかを、一緒に考えていきましょう。

遠い日の想い出

私は学生のころ、週に二回ほど特別養護老人ホームに通い、認知症の人への関わりについて学んでいました。そこでは、多くの人と交わる機会に恵まれたのですが、今でも忘れられない体験があります。

まず、ある女性――和子さん――との出来事を紹介させてください。ベンチで休んでいた私に、和子さんが近づいてこう言いました。「兄ちゃん。結婚しとるんか？」していませんと答えた私に、「ちょっと待っとれ。ええ人探してあげるから」と言い残し、広間にいる利用者の顔をひとりひとり覗き込んでいるのです。しばらくして、私のところに戻ってきて彼女は言いました。「ここには、あんたに合う人はおらんわ」と。和子さんのこれまでの生活の歴史をあとで伺うと、大変世話好きで名の通った人だったとのことでした。甲斐性のなさげな私を見て、「うちがなんとかしてやらんと！」と持ち前の世話好きスイッチが入ったのでしょう。

また、別の女性――愛子さん――は、普段はレクリエーションにも参加せず、ひとりで椅子に座って寡黙に過ごすことの多い人でした。あるとき、愛子さんは横になって休んでいる利用者の手を握

って脈をとり、「大丈夫?」と声をかけているのです。そして、夏ではありましたが、「ここは寒いから」と言って近くの窓を閉めていました。ちなみに、愛子さんは若いころ看護師として働いていたそうです。現役時代は、患者のことを大切にしながら働く人だったのだろうなぁと想像できます。

そういえば、卒業して駆け出しの臨床家として働いた最初の病院で、こんなエピソードもありました。脳血管性認知症を患い入院したその男性――一直さん――は、両腕が麻痺して動かせなかったため、医療スタッフから食事介助を受けるのですが、スタッフが箸を口元に持っていっても、口を開いて食べようとしないのです。一直さんの生活歴を家族から聞いてみると、若いころ苦労して自営業を立ち上げ、責任の伴う大きなことから細かなことまで、自分で判断して切り盛りしてきたという人でした。

そこで、スタッフは膳に盛られた食事を一品一品紹介し、どれを最初に食べたいか尋ねました。すると、彼の目線があるおかずに向けられたので、それを口元に運ぶと口を開いて食べてくれたのです。スタッフが選んだ食べ物を口元に運んでも、口を開いてたべようとしなかったのは、「自分が食べるものくらい、自分で選びたい」という気持ちの現れだったのでしょう。

ちなみに、御三方とも、認知症の程度は中程度から重度の方でした。これらのエピソードから、認知症という枠を外してその人を見ると、その人の何が見えてくると思いますか?　このあたりで、いったんお読みいただく目を休めて、代わりに頭を使ってそのことを考えてみてください。

その人の本質は失われない

先ほどは、私にとって思い出深い三人に登場していただきました。和子さんは、私のために特養に入居している利用者の中から花嫁候補を探してくれました。愛子さんは、横になっている利用者の体調を気遣う優しさを行為に表した人でした。一直さんは、自分の食べたいものを自分で選びたいという自立した気持ちを貫かれた人でした。

この人たちの行動を、認知症という枠を通して見ると、年の差は置いといて、その場ですぐに花嫁候補が見つかると考える「判断能力の欠如」、もはや看護師ではないのにあたかも看護師であるかのように振る舞う「仮性行為」、スタッフからの食事介助を頑なに拒む「介護への抵抗」と、見事に認知症の症状が当てはまります。

だけど、いずれの人も、これまでの人生で大切にしてきたことを、態度に表そうとしているのです。認知症という枠を外してそれらの行為をみると、その人の本質が見事に表れているとしか言い様がありません。

先ほど、私は「認知症という枠を外してその人を見ると、その人の何が見えるか」と、あなたに問いかけました。認知症という枠を外してその人をみると、その人の本質――大切にしてきた生き方――が見えてきます。あなたにも、きっと大切にしている生き方があると思うのです。たとえあなたが将来認知症になって、できないことが増えてしまったとしても、あなたの本質が失われることはありません。

私は、以前オーストラリアの首都キャンベラで、短時間でしたがエリザベス・マッキンレー教授の研修を受ける機会に恵まれたことがあります。この方は、看護師・神学者として実践と研究を重ねている人で、若年認知症を患ったクリスティーン・ブライデンさんの語りに耳を傾け、彼女が『私は誰になっていくの？』と『私は私になっていく』の二冊の名著を出す過程で、重要な役割を果たした人でもあります。

マッキンレー教授によると、スピリチャリティとはその人の生きる意味・力の源となるものであり、そうしたものとの関係性を深めることが人生を豊かにするという視点で、認知症の人にもスピリチャルケアが必要であると述べておられました。そして、認知症になってもスピリチャルケアが可能である根拠は、「人は、どのような状況においても意味を見いだせるからだ」ということでした。彼女の考えは、認知症になってもその人の本質は失われないことを裏づけるものだと思います。

認知症になってもなお残るもの

何を大切に生きてきたかというその人の本質は、当然のことですが人それぞれ違います。では、認知症が進んでも、誰にも共通して残るものはなんでしょうか。認知症は、失われることに目が向きがちですが、実は認知症が進行してもなお残るものがあります。

その一つは、「手続き記憶」です。これは、動作として覚えている記憶のことです。自転車の乗り方は手続き記憶にあたり、何十年乗らなくても体が乗り方を覚えていて、ちゃんと乗ることができます。

こうした記憶が認知症の進行とともに失われにくいのは、記憶を貯める場所が他の記憶と違うからです。記憶の多くは、海馬と呼ばれる場所を経由して行われますが、この海馬は認知症によって壊されてしまう領域です。それに対して手続き記憶は、脳の奥深くにある大脳基底核や小脳という場所に貯められます。これらは、認知症によって障害を受けにくい場所なので、動作として覚えた記憶は残るのです。重度の認知症で記憶障害の強い愛子さんが、利用者の手を握り脈をとったのも、動作として覚えていたからです。動作として覚えていたことを通して、その人なりの役割を担ったり、人とのコミュニケーションにつなげたりすることができます。

「ボケても心は死んどらん」という有名な言葉がありますが、感情の働きは最後まで残るといわれています。つまり、嬉しいときは嬉しく、悲しいときは悲しいのです。介護してくれる家族に、礼を言う言葉は残されていなくても、身近な人から大切にされているという幸福感は、必ず味わっています。

私たちにはさまざまな感情があり、いろんな感情を味わえることこそ、人間の持つ魅力でもあります。「嫌な気分をまったく感じないでいたい」と思う人はいるかもしれませんが、もしそんなことができたとして、その人は本当に幸せだといえるか疑問です。人にはいろんな感情を味わえる力があるのに、そのうちの嫌な気分が味わえなくなったとしたら、人生からその分の深みが失われるからです。感情に良い悪いはなく、最後まで感情が残されているからこそ、生きる手応えを感じ取ることができるのです。

こうしてみると、たとえ認知症が進んだとしても、人は豊かに生きることは十分可能なのがわかると思います。

物事にはさまざまな見方がある

もう少しあとで、あなたに素敵なプレゼントがあります。楽しみにしていてくださいね。

ここまでのところで、認知症の枠を外してみると、その人の大切にしてきた生き方を含め、さまざまなことが見えてくるというお話をしました。

物事は、いろんな角度からの見方があります。それは、病気についても同じことがいえます。たとえば、「私には、認知症がある。だから……」という視点です。この視点に立つと、「だから、いろんなことをすぐに忘れてしまう」、「だから、トイレの場所がわからない」、「だから、今まで通りうまくできない」など、いろんな言葉が「だから」の後に入ります。ちなみに、この「だから」という視点は、まさに認知症という枠を通した見方です。

もちろん、この枠での見方が悪いわけでは決してありません。医療や介護で働く人は、この視点で捉えることで当事者の困りごとを理解し、それをより良い支援に結びつけていきます。しかし、この見方だけでは、当事者の全体を理解するうえでバランスを欠いてしまいます。

さて、先ほどの「私には、認知症がある。だから……」のほかに、違った角度からの視点があります。それは、「私には、認知症がある。にもかかわらず……」という視点です。「にもかかわらず、毎日自分なりに日課をこなしている」、「にもかかわらず、何か役に立てることはないかと考えている」、「にもかかわらず、決してあきらめずに自分の人生を全うしようとしている」など、これまたいろんな言葉が「にもかかわらず」の後に入ると思います。ちなみに、この「にもかかわらず」という視点は、認知症という枠を超えた見方です。そして、「にもかかわらず」の後にくる言葉は、その人の持っている強さや力を表しています。

相手の持っている力の見つけ方

認知症とはどういう病気なのか、これまでお話ししてきました。想像してください。ついさっきのことを忘れてしまい、ここがどこだかわからず、相手が誰だかおぼつかない状態で、生活することがどんなに心細いかを。今までうまくできていたことができなくなり、担ってきた役割を十分に果たせなくなることが、どれほど悔しいかを。認知症に伴うこうした状態を抱えながら生きていくところにこそ、その人の強さがあるのです。

「病気になったのだから、そういう状態を抱えながら生きていくのは当たり前だ」と思う人もいるかもしれません。だけど、本当は当たり前なんかではありません。その人なりに、そうした状態に適応しながら生きていこうと、並々ならぬ力でがんばっているのです。こうした理解ができると、私たちは認知症の人への対応に幅が出てくるのではないでしょうか。

では、認知症という枠を外し、その人の持っている強さや力に目を向けるにはどうすればよいでしょうか。先ほどお伝えした「素敵なプレゼント」を、お渡しします。相手の持っている強さを見つけることができる道具です。

その人の良くない状態を、「〇〇できる」と考えてみるのです。すると、その人の持つ力が見えてきます。たとえば、「物事を決断するのが遅い」だと、「決断に時間をかけることができる」となります。ここに隠れた力は何かというと、「じっくり考えて物事に臨むことができる」です。「入浴を拒否する」だと、「入浴を拒否することができる」となり、「自分の意思を表すことができる」という力が見えてきます。これだと、自分の意思を表す力を「入浴したい」に向けてもらうための環境を整えようという発想になります。

このようにみると、その人の持っている隠れた力を見つけることができます。さっそくこの道具を使って、自分や他人を見てみてください。これまでと違う魅力を発見できると思います。

第4章　認知症の早期発見と治療の実際

認知症予備軍とはどんな人なのか

認知症はある日突然なるのか

第1章では、健康なもの忘れと認知症によるもの忘れとの違いについてお話しました。違いはわかったものの、年をとってふとしたときに現れるもの忘れが、年のせいなのか認知症の始まりなのか、悩んでしまう人もいると思います。健康なもの忘れと認知症によるもの忘れの境目はどこにあるのでしょうか。

人は、ある日突然認知症になるわけではありません。脳の病変が少しずつ進んで認知症になります。とはいえ、脳の病変が少しずつ進んでいるのに、認知症になっていないその間は、そもそも健康といえるのでしょうか。認知症だと判断するもっとも大きな基準は、「生活に支障があるか否か」

です。

脳の働きが徐々に落ちてきているものの、生活に支障はない。かといって、脳の働きは正常ともいえない。このような状態を、軽度認知障害（mild cognitive impairment：ＭＣＩ）といいます。認知とは頭の働きのことなので、頭の働きに軽い障害があると読むことができます。現在、我が国には認知症の人は約五〇〇万人いますが、ＭＣＩの人も同じ程度いると考えられています。

ＭＣＩは、正常と認知症の中間という状態なので、認知症予備軍ともいわれます。けれども、ＭＣＩの人がみんな認知症になるわけではなく、そのうちの四割前後の人はそのままか回復するかの経過をたどります。

ＭＣＩにはいろんなタイプがあります。もの忘れが目立つタイプ、もの忘れ以外の脳の働きの低下が目立つタイプ、もの忘れを含めたさまざまな脳の働きの低下が目立つタイプなどがあり、タイプによって将来なるかもしれない認知症の種類は違ってくるともいわれています。

正常でも認知症でもない状態

ＭＣＩは正常でも認知症でもない状態ですが、それがどのような状態なのかイメージがつかない人は多いのではないでしょうか。ＭＣＩの特徴は、「頭の働きは低下しているけれど、それにより生活に支障はない」ことです。

頭の働きの低下はさまざまですが、もの忘れが増えることが多いようです。もの忘れは、自分で気づくこともあれば、家族が気づくこともあります。段取り良く活動する力も衰えるため、買い物をする、電化製品を使う、家事や仕事をするなどの状況で、オロオロっとする機会が増えます。疑い深くなったり怒りっぽくなったりする、やる気が落ちて趣味や日課などをあまりしなくなるような、性格や行動の変化を認めることもあります。

ＭＣＩになってしまったとしても、みんなが認知症に進んでいくわけではありません。ＭＣＩでも認知症になりやすい人となりにくい人がいるのなら、どうすればなりにくくなるか知りたいですよね。実はまだ、どうすれば認知症になりにくくなるかはっきりしたことはわかっていないのです。「まだわかんないんだ」と気を落とすのは、まだ早い！　認知症になりやすい習慣を減らし、脳を元気にする習慣を増やしていくことで、認知症に進むのを食い止める効果が期待されています。認知症になりやすい習慣や脳を元気にする習慣は、あとでたっぷりとお伝えします。

最近、ＭＣＩの人を対象に、認知症を予防しようという試みが各地で行われています。実はこの動き、個人的にはあまり好きではありません。認知症は年とともに誰でもかかりやすくなる病気です。そして、認知症を予防するには、今のところ認知症になりやすい習慣を減らしたり脳を元気にする習慣を増やしたりすることが大切です。誰でもなる可能性があるし、生活習慣なんてすぐに変えられない。なのに、なりやすいとはいえ認知症予防の対象をＭＣＩの人に限定するのは、必要であっても十分ではありません。認知症予防は、すべての人が対象となるはずです。

ところで、ＭＣＩから認知症になる人とならない人を見分ける方法はあるのでしょうか。そのあたりについて、話を広げてみましょう。

認知症に進む人と進まない人

先ほどは、認知症予備軍である軽度認知障害（ＭＣＩ）についてお話しました。ＭＣＩであっても、認知症に進む人と進まない人がいます。認知症の研究についての最近のトピックの一つは、「ＭＣＩのうち、認知症に進みやすい人と進みにくい人をどのように見分けるか」です。先手必勝という諺《ことわざ》どおり、これができれば認知症になりやすい人を事前に見つけて、認知症を予防するための手立てを行うことができます。

実は、ＭＣＩから認知症に進む人と進まない人を見分ける研究が始まっています。その中には、脳室（髄液が溜まっている脳の空洞）の大きさや記憶の貯蔵庫である海馬の体積を測る方法、認知症の初期に衰えやすい脳領域での糖代謝や血流を捉える方法、脳の髄液に含まれるタウタンパクの濃さを測る方法などがあります。これらの方法により、今後認知症の超！早期診断を可能にすることが期待されています。

ただ、これらの検査を導入していない医療機関もたくさんあり、検査費用も決して安くはないので、誰でも受けられるというわけではありません。お金をかけず、もっと簡単に認知症になりやすい人を見つける方法はないのでしょうか。

竹田式三色組合せテストの登場

実は、私も細々とですが、そのような研究をしています。それも、私の研究室はお金がないので、お金のかからない方法を見つけようとしているのです。

私は、病院で認知症の臨床に携わって、ずっとあることが引っかかっていました。受診した患者さんに簡単な検査を行うのですが、検査の内容によって患者さんが傷ついてしまうことがあるのです。

詳しい検査内容はここでは言えませんが、たとえば知っていて当たり前と思っていることについて、初対面の人から知っているかと尋ねられるとどんな気持ちになるか想像してください。「そんな簡単なことを尋ねるなんてバカにしている」と腹を立てるかもしれません。もしくは、「そんな簡単なこともわからない人だと見られているんだ」と悲しくなるかもしれません。なんとか傷を浅くするよう努めながら検査をし終えても、必ずしも早期発見につながらないケースも多々あります。

検査を受ける人が嫌な思いをせず、早期発見につながり、医療や介護の仕事をする人なら誰でも簡単にできる検査を作りたい。そう思って、仲間と一緒に開発したのが「竹田式三色組合せテスト」です。英語では、Takeda Three Colors Combination Test（TTCC）といいますが、私たちは愛着を込めて「三組《さんくみ》」と呼んでいます。

一分程度という短い時間にゲーム感覚でできて、検査を受けるときの嫌な感じがなく、認知症の早期発見に役立つ可能性が高いのが特長です。認知症は日本だけでなく世界、特に発展途上国で患者さんが増えることが予想されているので、いろんな地域で使ってもらいたくて、海外のいくつかの専門誌で発表しました。

日本医療福祉生活協同組合連合会（http://www.hew.coop/2011/02/3982.html）からすでに製品化されていますが、大々的に宣伝していないので知る人ぞ知る検査です。医療や介護で働く人が行う検査

なので、残念ながら一般の人は購入できません。

実は、この三組が認知症になりやすいMCIを見つける可能性があるかもしれないのです。もの忘れで受診し、MCIと診断された患者さんに三組をしてみて、「認知症の可能性はない」と判断された人と比べて、「認知症の可能性がある」と判断された人の多くは、二年後に認知症になっていました。

このときの研究では、検査に協力していただいた人の数が少ないので、まだまだはっきりしたことはいえません。しかし、三組は認知症になる数年前から落ち始める脳の働きを見る検査なので、もしかすると認知症になりやすい人を簡単に見つける検査になるかもしれないと期待しています。

気になったら脳のメンテナンス

医療機関を受診するタイミング

認知症は、早めに見つけることができると、お薬によって進行を遅らせることができます。生活の中でうまくできないことが、本人のせいではなく認知症のせいだとわかれば、本人も自分を情けなく思う必要はなくなります。身近な人も、普段の関わりに認知症への配慮を加えることができるので、本人は安心して暮らすことができます。なので、認知症を早めに見つけることはとても大切です。

では、どのようなタイミングで医療機関を受診すればよいのでしょうか。おかしいなぁと思いつつほったらかしにしていて、いよいよひどくなって受診したら、かなり進んだ認知症だったという話は少なくありません。そうならないために早めに異変に気づければよいのですが、自分で気づきにくいということもあります。また、本人が自分から気にして受診する場合、認知症であることは少ないようです。そのような人は、軽度認知障害だったりすることが多いようですので、認知症になりやすい習慣を減らし、脳を元気にする習慣を増やしていくことが効果的です。

一方、家族など身近な人に促されて受診する場合、認知症であることが多いようです。実は、病的な異変に気づきやすいのは、本人ではなく家族など身近な人です。ですから、医療機関を受診するタイミングは、家族など身近な人に異常を指摘されたときだと思ってよいでしょう。身近な人から「ちょっと最近様子がおかしいから、一度診てもらっては」と言われたら、それは受診する絶好のタイミングです。

早期発見できれば、お薬で認知症の進行をしばらく食い止められますし、認知症でないとわかれば安心できます。どっちにしても、良いことしかありません。「まだまだもうろくしてない！」と怒ったり、「認知症だったらどうしよう」と必要以上に恐れたりせず、「脳のメンテナンスをしよう」くらいの軽い気持ちで受診してみてください。

早期発見のサイン

認知症は、脳の働きが低下してしまったせいで、生活に支障が出る病気です。なので、生活に支障が出ていることが、認知症のサインになります。①から⑦は、認知症の始まりのころに多い症状です。いずれかの症状に自分で気づいたり、家族など身近な人の様子で気になることがあったりすれば、受診をしたり促したりしてくださいね。

① 同じことを何度も言ったり尋ねたりする
② 物の置き忘れやしまい忘れをする
③ 人や物の名前が出てこないことがある
④ 冷蔵庫に同じ品物が増える
⑤ 以前はテキパキしていた家事や用事などがまごつくことがある
⑥ 意欲がなくなり、普段よくしていたことをしなくなる
⑦ 疑い深くなったり怒りっぽくなったりすることが増える

①、②、③あたりは、誰でも思い当たることがあると思います。そういう私も、あります。では、病気との違いは何かというと、こうしたことがしょっちゅうあるかどうかです。たまたまエアコン

やテレビを消し忘れて外出すると「そそっかしい」ということになるのでしょうが、こうしたことがしょっちゅうあるのは、もはやそそっかしいというレベルではありません。

④は、同じ品物を「しょっちゅう」買ってしまうことで起こります。なので、おかしいと思うことがしょっちゅうあるというのは、大きなサインだといえます。

⑤は、たとえば「調理の手順にまごついて料理の味付けが変わってしまう」とか「銀行に行くと、窓口で行員にお任せならうまくできるけれど、ＡＴＭならまごついてしまう」などです。認知症になると、テレビのリモコンや洗濯機など、普段使い慣れた物を使おうとしたらまごついてうまく使えなくなるということがあります。

⑥は、「服装や化粧など身だしなみに無頓着になる」とか「テレビや新聞を見なくなる、外出が減る」などの行動の変化として現れます。大相撲のファンで、場所中は毎日欠かさず観て、好きな力士が登場すると声を上げて応援していた人が、大相撲が始まっても観なくなったので、受診してみたら認知症の始まりだったということがありました。

⑦は、些細なことで怒ったり、頑固さに研きがかかったりします。人の性格は、そんなに簡単に変わるものではありません。なのに、最近やたらと怒りっぽいとか疑い深いという性格変化が急にみられたりするのは、体の中で何かが起こっているサインとみてよいでしょう。もちろん、これらの症状があるからすぐに認知症というわけではありませんが、十分に受診してよいサインだといえ

ます。

もの忘れ検診の新たな試み

認知症の早期発見には、さまざまなメリットがあります。そのために、気になったら早めに受診することが大切であるとお話しました。ところが、認知症はごく始まりのころに目立った症状を認めにくいため、本人や家族が医療機関に自ら進んで受診する機会はあまり多くありません。

そのため、地域において認知症の早期発見を目的とした検診事業の拡充が強く求められています。残念ながら、もの忘れ検診の受診率は高いとはいえません。もの忘れ検診は本人の自主的な参加によって実施されるものです。本人にもの忘れ検診を受けたい気持ちがなければ、受診につながりません。

そこで、私は文部科学省科学研究費補助金による助成を受けて、もの忘れ検診への受診意図を高める要因は何かを調査してみました。それによると、認知症になると重大な結果を招くと考えている人はそう考えていない人と比べて、「もの忘れ検診を受診する」という気持ちが約六倍高いことがわかりました。また、認知症予防の生活習慣についてよく知っている人はそうでない人と比べて、「もの忘れ検診を受診する」という気持ちが約二倍高いこともわかりました。これらの結果から、もの忘れ検診の受診率を高めるには、認知症によってもたらされる結果や認知症予防の生活習慣について、もっと多くの人に知ってもらう必要があるという結論になります。この本の中では、そうしたことについて詳しくお話ししています。あなたの住んでいる地域で、もの忘れ検診があるようでしたら、ぜひ受けに行ってください。

もの忘れ検診は、どのようにして行われるのが一般的でしょうか。現在、多くの自治体で採用している方法は二段階方式です。まず、一次検診として公民館のような場所に来てもらった地域住民のチェックを個別に行います。そこで、「もう少し調べてみた方がよいかも」という結果が出た人は、後日再び公民館のような場所に来てもらい、一次検診とは違うチェックを個別に行います。この二次検診で、「どうも怪しい」と判断された人に、専門機関の受診を勧めるという流れです。

私は、もしかするとこの検診の仕組み自体にも、受診率を下げる要因が潜んでいるのではないかと考えています。人によっては二回の検診を受ける必要があることが、もの忘れ検診の受診のハードルを上げているように思えるのです。誰しも、楽しい気持ちで検診を受けに行くわけではありません。「自分は大丈夫かな。もし、病気が見つかったらどうしよう」という不安を抱えながら受診する人が多いでしょう。そのような不安を二回も味わいたくはないというのが人情ではないでしょうか。

そこで、私は二段階方式ではなく、一回の検診でもの忘れの疑われる人を見つけだし、専門機関への受診を勧めるもの忘れ検診プログラムを開発しました。このプログラムでは、待ち時間に簡単な質問に答えてもらい、そのあと個別に先ほど紹介した竹田式三色組合せテストを受けてもらいます。もの忘れの可能性があるかどうかは、これらの結果を総合的に判断することになります。

このプログラムには、もう一つ大きな特長があります。待ち時間に答えてもらう質問の中には、認知症予防の生活習慣について尋ねる項目があります。この検診を受けた人は、結果返しのときに脳の健康を保つためにどのような習慣を送ればよいかを、先ほどの質問結果に応じて教えてもらうことができるのです。

ひとりでも多くの人の健康作りに役立てていただきたいので、医療生協を中心に全国に展開しようと計画しているところです。

認知症の治療はこんなに幅広い

いずれ根本治療薬が開発される

先ほどは、認知症の早期発見のポイントと受診のタイミングについて述べました。では、実際に認知症と診断された場合、医療機関ではどのような治療が受けられるのでしょう。また、認知症治療の研究はどこまで進んでいるのでしょうか。まずは、認知症の薬についてみていきましょう。

認知症の根本治療薬の開発は、世界中で進められています。この中には、たとえばアルツハイマー型認知症の引き金になると考えられているタンパクのゴミ（βアミロイド）をきれいさっぱりお掃除してくれる薬などがあります。

新しい薬が使えるようになるまでに、動物を用いて有効性と安全性が確認された後に、通常三つの関門をクリアしなければなりません。これを三相試験といいます。一回目は、元気な成人男性を対象として、薬の安全性や体への作用の仕方について調べます。二回目は、少数の患者さんを対象に、薬の効果を調べます。そして、三回目により多くの患者さんを対象に効果と安全性を確認します。三回目まですべて合格すれば、その薬は販売されることになるのです。

実は、いくつかの薬が最終段階である三回目の試験まで進んでいます。ところが、今のところ多くの薬は三回目の試験で不合格となって、新薬として認められなかったという結

果に終わっています。ちなみに、三回目まで進んで、安全性に問題はないけれど効果もさほどなかった薬は、場合によってはサプリメントとして市販されることがあります。あなたの飲んでいるサプリメントももしかしたら……。いずれにせよ、遠くない将来、認知症の根本治療薬はきっと現れるでしょう。

進行を遅らせる薬はすでにある

アルツハイマー型認知症の薬の開発は、一九八〇年代から始まりました。そして、国内で最初に使われるようになった薬がドネペジルです。この薬は、日本で生まれましたが、実際に国内で使われるようになったのはアメリカで使用が開始された三年後のことでした。この違いは、海外と比べて国内の新薬に対する認可基準が厳しすぎるという現状によって起こります。厚生労働省がくだす新薬の認可基準は、もっとハードルを下げてもよいのだろうと思います。

ドネペジルは、記憶と関係するアセチルコリンという物質を脳内に留めておくことで、記憶力の回復を促します。アルツハイマー型認知症になると、アセチルコリンが少なくなるうえに、アセチルコリンをなくしてしまおうとする酵素のせいで、アセチルコリンがしっかり働いてくれなくなります。ドネペジルは、アセチルコリンをなくそうとする酵素を「まぁまぁ、おまえさんはおとなしくしていなさい」と抑える作用があり、結果としてアセチルコリンの働きを良くしてくれるのです。

同じような働きをする薬として、ガランタミンやリバスチグミンという薬も登場しています。

これらの薬は、しばらくの間認知症の進行を遅らせてくれますが、より軽い認知症のうちから服用を始めると、進行を遅らせる効果はより長く続くといわれています。認知症の早期発見が大切である理由の一つが、ここにあります。

そのほかに、過剰なグルタミン酸の放出を抑えることで神経細胞が壊れるのを防ぐメマンチンという薬も登場し、より重い認知症の患者さんにも効果が期待できるようになりました。

ただ、これらの薬は急激に効果を発揮するわけではなく、毎日飲むことによって少しずつ効いてきます。劇的に変化しないので、薬の服用を忘れてしまうことがありますが、薬は毎日決まった量を飲み続ける必要があります。

また、抑肝散という漢方薬が使われることもあります。この薬は、転倒につながるような副作用がなく、認知症の行動・心理症状の改善に効果があるといわれています。

薬を使わず症状を改善する

認知症の人への治療に、「非薬物療法」といわれる対応があります。文字通り、薬物を使わない治療法です。認知症の根本的治療がまだ難しい現在、非薬物療法の期待が高まっています。非薬物療法は、認知症の人の心理をしっかりと理解したうえで行われると良い効果を発揮します。

認知症が進むと、ついさっきのことを覚えておくことができず、周りにいる人が誰で自分がどこにいるかもわからなくなります。このような状態では、誰でも言いようのない不安を感じるでしょう。一方、「会話についていけない」とか「友達が減った」と訴える認知症の人はたくさんいます。認知症のために、「言ってもわからない人」と周囲から思われたり、社会的な役割を奪われたりして、肌で孤独を実感する機会が増えると、孤立感を深め、寂しさが増します。

このような「不安」や「寂しさ」によって気持ちに混乱が生じた結果、妄想や徘徊などの行動・心理症状がひどくなると考えられています。非薬物療法が活躍するのは、こうした行動・心理症状に対してですが、認知症の人の生活の質を向上させ、脳の働きが改善することも期待されています。

めざすのは尊厳を支えること

非薬物療法にはさまざまな種類がありますが、大きく三つのタイプに分けることができます。「自らを表現するタイプ」には、回想法があります。回想法は、これまでの個人史をふり返り、それを言葉にして他人と共有することで、自らの人生を意味のあるものとしてとらえ直す試みです。「子ども時代」や「仕事」などあらかじめテーマを決めて、みんなで話し合うのが一般的な進め方です。私は、軽い認知症の人には、各自がふり返りたい想い出について個別に話してもらい、みんなで感想を分かち合うという「個別回想」を用いた集団療法を行っています。語りたい過去を回想し、大切な人生として他者から尊重されることで、参加者の感じる幸福感が高まります。

「周りの環境を整えるタイプ」は、行動療法やバリデーションがあります。行動療法は、人の行動を環境との関係で理解し、その人の行動に変化をもたらすことによって問題解決をはかるアプローチです。行動療法でいう環境とは、行動の直前の出来事（きっかけ）と行動の直後の出来事（結果）のことです。きっかけと結果を変えることで、認知症の人にとってつらい行動を減らし、生活を豊かにする行動を増やすことを目指します。バリデーションでは、認知症の人の言動を否定せず、その人の世界として尊重しながら傾聴し対応します。

「刺激を用いるタイプ」は、動作療法や音楽療法、アロマセラピーがあります。動作療法は、主体的に体を動かすことで、意欲を高めたりリラックスを図ったりするアプローチです。体を通して課題を伝えたり感じたりするので、言葉の理解が難しくなった重度の認知症の人にも適用することができます。音楽療法は、歌ったり楽器を演奏したり、懐かしい音楽を聴いたりと、音楽を楽しむことで、心をイキイキさせます。アロマセラピーは、植物由来の精油の香りを嗅ぐことで脳を刺激し、認知機能の改善やリラックスを目指します。

いずれの非薬物療法も、認知症の人の「不安」や「寂しさ」を和らげ、安心して暮らしていけるように援助します。

ところで、自分のことを大切に思える感覚や、人から大切にされているという感覚を「尊厳」といいます。非薬物療法は、介護する家族やケアスタッフにも、認知症の人に対する新たな視点やその人の持っている力への気づきを提供してくれます。それにより、認知症の人への対応がより良くなり、認知症の人自身も周囲から大切にされている手応えと、そうした自分を愛おしむ感覚を味わうことになります。これまで長い歴史を生き抜いてきたかけがえのない個人として、認知症の人を理解し対応することで、人として誰もが守られるべき尊厳を支えるということも、非薬物療法の大切な役割です。

第5章 食事から認知症予防を読み解く

認知症予防とはなにか

ある博士と助手の会話

ここは、とある研究所。博士は日夜認知症について研究を重ねていた。

博士「ついに、ついにみつけたぞぉ！」

助手「博士、何をみつけたのですか?!」

「わしは偉大な発見をしたのじゃ」

「何を発見したのですか？　もったいぶらないで教えてください」

「それはな、認知症にならない方法じゃ。それも、認知症を完全に防ぐ方法をな！」

「え、それはほんとですか?!　認知症は、今のところ発症を完全に予防することは難しいといわれているのに」

「むふふ。それを、このわしがみつけたというんじゃ」

「それがほんとなら、ノーベル賞ですよ！　で、その『認知症を完全に防ぐ方法』とは、どんな方法ですか？」

「知りたいか？」

「知りたいです！」

「なら教えてやろう。認知症を完全に防ぐ方法。それはな……」

「それは……？」

「ずばり、『長生きしないこと』じゃ！」

「へ？」

「認知症は、年をとればとるほど、誰でもかかりやすくなるんじゃ。ならば、長生きさえしなければ、認知症にはならん」

常々、博士のトンチンカンな研究に疑問を抱いていた助手は、今度こそ愛想が尽きて研究所を去っていった……。

認知症は完全に予防できるか

認知症は、年とともに誰でもかかり得る病気です。長生きするというのは、決して当たり前のことではありません。長生きしたかったのに、若くして命を落とす人は本当にたくさんいます。しかし、幸運にも長生きすることができれば、誰もがなるかもしれない病気。それが認知症なのです。

博士の発見はさておき、できるものなら長生きしたいというのが人情です。長生きしながら、認知症を完全に予防する手立てはあるのでしょうか。ここで、あなたにお尋ねします。何か特定のことをすると、認知症は完全に予防できると思いますか？

この質問への答えは、今のところ「いいえ」です。

人の弱みに付け込む輩は、いつの時代にもいるものです。認知症の恐ろしさを散々に訴えて、「このサプリメントを毎日飲めば、認知症を完全に予防できます。一瓶、○○万円です」という訪問販売が実際にあったという話を聞きます。もちろん、これは詐欺です。もし、あなたのご自宅にこんな輩がやって来たら、優しく諭してあげてください。「あのね。何か一つのことだけをして認知症を予防できるほど、科学は進歩していないんだよ。顔を洗って出直しておいで」と。

では、認知症を予防するとはどういうことだと思えばよいのでしょうか。認知症予防とは、次のようなことです。認知症になりやすい習慣をなくすことで、認知症になる確率を下げること。そして、認知症の発症をできるだけ先延ばしすること。認知症は年とともにかかりやすくなるのは間違いありません。ならば、長生きしながらできるだけ認知症の発症を遅らせ、認知症を患う前に大往生を遂げたら、認知症予防に成功したといえます。

今のところ、認知症予防は「認知症になりにくい生活習慣を送ること」が大切です。最近、全国で認知症予防教室が催されています。定期的に集まって、脳を刺激しながら楽しめる活動を、みんなでワイワイやります。だけど、その認知症予防教室が、もしも生活習慣の改善にまで踏み込んでいなければ、その活動は本当に認知症予防に良いのか、私には疑問です。定期的に集まって何かをするだけで予防できるほど、認知症は生易しい病気ではありません。予防教室には参加しても、認知症になりやすい生活習慣を続けていれば、本末転倒です。

ここからは、認知症になりにくい生活習慣を、さっそく今日から実践できるようにわかりやすくお伝えします。こうした習慣を送れば、認知症を絶対に予防できるというわけではありませんが、しないときと比べて認知症になる確率を下げてくれます。

食事で認知症を防ぐコツ

食習慣から認知症予防を考える

毎日、甘いものやコッテリしたもの、塩分の多いものをたくさんとる。好き嫌いも激しくて、嫌いな野菜はほとんど口にしない。さて、こんな食生活を続けていると、その先に何が待ち受けているか、容易に想像できますね。「生活習慣病のデパートやぁ」という状態に陥るでしょう。

バランスの良い食事が体の健康に良いというのは、誰でもイメージできます。実は、食生活は認知症予防に深く関わっていることがわかってきています。食事は、毎日の営みなので、その蓄積による体への影響は決して小さくありません。脳を元気にする食生活を増やし、認知症になりやすい食生活を減らしていく。そうした習慣を身につけていただくために、ここからしばらくは食生活を中心に認知症予防について考えてみましょう。

ただし、いずれまた詳しく述べますが、脳の健康には強すぎるストレスは良くありません。ここに挙げたことを忠実に守ろうとして生活が窮屈になると、ストレスを感じてしまいます。何ごとも、極端すぎると強いストレスを感じます。そうしたことが、認知症予防に良いとはいえません。極端すぎることは、私たちを不健康に導きます。なので、食生活を見直すといっても、極端なことをしようとせず、少しずつ変えていくように無理のない習慣作りを楽しんでくださいね。

認知症予防の情報を読み解くキーワードは、「極端なことは怪しい」です。

魚ときどき肉で脳の天候維持を

豚骨スープのこってりしたラーメン、好きな人多いですよね。私も大好きです。ラーメンのスープを残して時間が経つと、表面に白い脂の塊が浮いてきます。これは、動物性脂肪で「飽和脂肪酸《ほうわしぼうさん》」

といいます。常温で固まるので、時間が経って冷めたスープに白い脂が塊として浮かび上がるのです。

常温で固まるということは、これを摂り過ぎてしまうと血液をドロドロにして血栓（血の塊）ができやすくなります。肉料理を食べ過ぎると動脈硬化や脳卒中になりやすいといわれるのはこのためです。なので、脳卒中を原因とする脳血管性認知症の予防のために、肉はほどほどがよさそうです。

実は、アルツハイマー型認知症にも肉料理の食べ過ぎは良くないのがわかっています。海外の研究では、肉料理をほどほどに食べる人と比べて、たくさん食べる人は二倍程度アルツハイマー型認知症になりやすいという報告があります。また、マーガリンやショートニングはトランス脂肪酸をたくさん含んでおり、体内に溜まって動脈硬化や認知機能の低下をきたすといわれているので、とり過ぎないようにしましょう。

一方、水中に泳いで暮らす魚の脂肪は、常温では固まりません。魚の持っている脂肪は、n-3系多価不飽和脂肪酸といわれます。なんだか難しい言葉ですが、EPA（エイコサペンタエン酸）やDHA（ドコサヘキサエン酸）というとピンとくる人もいるでしょう。

このうちEPAは、血液中の不必要なコレステロールを減らし、血液をサラサラにしてくれます。脳卒中や心筋梗塞の予防につながるので、魚料理をしっかり食べることは、脳血管性認知症を予防する効果が期待できます。

ＤＨＡは脳の働きを良くしてくれますが、アルツハイマー型認知症の予防にも良いようです。というのも、ＤＨＡはアルツハイマー型認知症の引き金となるβアミロイドというタンパクのゴミが溜まるのを防いでくれるからです。魚をほとんど食べない人がアルツハイマー型認知症になる可能性を一とすると、魚をよく食べる人は〇・四倍近くまで下がるといわれています。

さて、ここまでの話を知ると、「肉料理は食べずに、魚料理ばかり食べた方が良い」と思う人もいるかもしれません。認知症予防のキーワードを思い出してください。「極端なことは怪しい」でした。肉は食べずに魚ばかりというのは、極端です。肉料理によっても、私たちは生きていくうえで必要な栄養を取り入れています。「晴れときどき曇り」のように「魚ときどき肉」と思っておいてください。

地味だけど実は頼もしい野菜

生活習慣病予防に良い食生活として真っ先に野菜を思い浮かべる人は多いでしょうが、認知症予防にも良いようです。野菜にはビタミンＥがたっぷり含まれています。このビタミンＥをたくさん摂る人はあまり摂らない人と比べて、認知症の発症リスクが七割近く低かったという報告があります。また、野菜にはビタミンＣやポリフェノールも豊富に含まれます。野菜にたっぷり含まれるこれらの栄養が、認知症予防につながる可能性があるのです。

その理由は、「抗酸化物質」です。活性酸素という言葉をどこかで聞いたことがありませんか？これは、酸素を利用する過程で生まれる、体にあまり嬉しくない代物です。この活性酸素が細胞を傷つけることで、ガンになったり老化をもたらしたりすることもわかってきました。そして、この活性酸素は、アルツハイマー型認知症の引き金になるβアミロイドというタンパクのゴミを脳に溜め込むことを後押しする、実にありがたくない作用もあるのです。人体は、活性酸素のいいようにされてしまうのでしょうか。

活性酸素に降参かと思ったそのとき、「ちょっと待ったぁ！」と正義の味方が現れました。それが、「抗酸化物質」です。この頼もしい物質は、活性酸素の働きを抑える力を持っています。そして、この抗酸化物質こそ、野菜にたっぷり含まれるビタミンCとEやポリフェノールなのです。がん予防や老化防止に、野菜をたっぷり摂ることが推奨されるのはこうした理由からですが、同じ理由で認知症予防にも良いのです。

また、野菜には動脈硬化を防いでくれる葉酸などのビタミンB群も豊富なので、脳血管性認知症の予防にもお勧めです。葉酸は、脳の萎縮を抑える効果があるともいわれています。

こんなことを書くと、「いろんなビタミンが良いのなら、それをサプリメントで補えば手っ取り早いんでない？」と考える人がいます。「いくら抗酸化物質が豊富といっても、野菜自体に降参なんですけど」という野菜嫌いにとって朗報となりそうです。そんなあなたの夢を、完全に壊します。これらのサプリメントを大量に飲んでみても、認知症予防には効果がないようです。

ここで、前回お伝えした認知症予防に関する情報を読み解くキーワードを思い出してください。「極端は怪しい」でした。本来、自然界の食物を通して摂りいれるものを、すべて人工的な代物だけで補おうとするなんて極端ですね。それに、サプリメントで特定のビタミンを摂り過ぎるのも、健康に良くありません。特に、ビタミンEは摂り過ぎてしまうと体内に溜まってしまい、健康を害するといわれています。やっぱり、「極端は怪しい」のです。

腹八分で脳も体もスッキリ

アフリカ人とアフリカ系アメリカ人を比較したところ、アメリカ人の方が認知症になりやすかったという調査があります。どちらも遺伝的には同じはずなのに、認知症のなりやすさに違いがあるということは、両者の生活習慣に由来するだろうと考えられます。中でも、摂取カロリーの違いは大きいです。摂取カロリーが多い、つまり食べ過ぎてしまうと認知症になりやすくなるようなのです。その理由は、カロリーをたくさん摂り過ぎてしまうと活性酸素が体内に増えるからです。活性酸素が認知症を含め、さまざまな悪さをする話は先ほどしましたね。

飽食を習慣にしたら肥満になりやすいのは、誰でも理解しています。肥満度の指標にＢＭＩがあり、体重（kg）÷身長（m）÷身長（m）という式ではじき出せます。中年期のBMIが一八・五〜二四・九の適正体重の人と比べて三〇を超えると、将来アルツハイマー型認知症や脳血管性認知症になりやすいことがわかっています。

そもそも、余分な脂肪がつくという肥満状態は、栄養を不必要に摂り過ぎてしまい、蓄えた栄養を効率良く使う機会がないという状態です。つまり、食べた量と運動による消費が見合っていないのです。

そういう私のお腹もタップンタップン……。お互いに、腹八分と無理のない運動を楽しみましょう。

お国自慢にみる認知症予防

インド人がアメリカ人に自慢します。「俺たち、カレーをよく食べるから、上手に加齢する」。これ、冗談ではないのです。インド人はアメリカ人と比べ、認知症の発症頻度が七割近く低いという報告があります。その理由が、カレーにあるのではといわれています。

カレーには、クルクミンというポリフェノールがたっぷり含まれています。このクルクミンが、アルツハイマー型認知症の引き金となるタンパクのゴミが溜まるのを防いでくれるようなのです。

その話を聞いたイタリア人も、負けずに自慢しました。「イタリア料理を食べると、上手にリタイアできるよ」と。これも、冗談ではありません。魚介類をよく使い、トマトやブロッコリーなどの野菜や豆類などを多用するイタリア料理は、認知症予防に良い食生活の条件にかなっています。また、イタリア料理でよく使われるオリーブオイルは、動脈硬化や認知症の予防にも効果があるとの指摘があります。

　すると、フランス人までこんな自慢を始めました。「私たちは、赤ワインをたしなむので、認知症なんてこわいんないざんす」。ダジャレに無理がありますが、この話も冗談ではありません。フランス人は、肉料理をたくさん食べるのに、脳卒中や心筋梗塞になりにくいと不思議がられてきました。この現象を、「フレンチパラドックス（フランスの逆説）」といいます。そして、その理由はフランス人が愛飲する

赤ワインにあるというのです。

赤ワインには、ミリセチンというポリフェノールが豊富で、これが脳卒中や心筋梗塞の予防効果を持っています。そして、赤ワインをたしなむ人はそうでない人と比べてアルツハイマー型認知症の発症頻度が半減するという報告があります。ミリセチンに、病気の引き金になるβアミロイドが溜まるのを防ぐ作用があるからのようです。ブドウの種を噛むと苦いですね。あの苦味こそ、ポリフェノールなのです。赤ワインが飲めない人は、ブドウの種をガリガリ噛んでみても良いかもしれません（冗談です）。

さて、三人の話を聴いていたアメリカ人は、悔しくて言い返しました。「ミーたちには、酒をいっパイント飲めてたくさん食べられる丈夫な胃袋がありまーす」。そして、赤ワインをガブガブ飲み、カレーやイタリアンをモリモリ食べるという毎日を送りました。何年かして、そのアメリカ人は認知症になってしまいました……。

お酒は、飲み過ぎるとビタミン欠乏や脳萎縮などの影響で認知症になりやすくなります。カレーやイタリアンが良いからといって、食べ過ぎてしまうとカロリーオーバーで認知症になりやすくなりますね。キーワードは、「極端なことは怪しい」です。食べ過ぎや飲み過ぎに注意して、食事とお酒を楽しみましょう。

実は和食が一番

外国料理が脳に良い話を聞いて、外国をうらやましく思ったあなた。そんなふうに思う必要はまったくありません。これまでお伝えした認知症予防に良い食生活をふり返ってください。魚や野菜を中心として、脂肪分などのカロリー控えめの食生活がお勧めでしたね。

これって、一般的な和食です。和食につきものの緑茶も、実は脳に良いのです。緑茶を一日二杯以上飲む人はそこまで飲まない人と比べて脳の働きが落ちにくいという報告や、脳梗塞を予防するという報告があります。つまり、和食を中心にして腹八分食べるという生活が、認知症予防と脳を元気にする食生活として推奨できます。

忙しくて、とてもちゃんとした和食を作って食べてなんかいられないという人もいるでしょう。コンビニで弁当を選ぶときに、揚げ物たっぷりの典型的なコンビニ弁当より、焼き魚や煮物の入った弁当にする。コーラを飲む代わりに、野菜汁一〇〇%の野菜ジュースを飲んでみる。そんなことでも、立派な「認知症予防」になります。

認知症予防の食生活を食わず嫌いになることなく、忙しくても簡単にできそうなことから始めてみましょう。

第6章

運動から認知症予防を読み解く

ムリな運動でない方が脳に良い

脳の健康を保つエクササイズ

運動は、体の健康を保つエクササイズとして効果的ですが、実は脳と心の健康にも良いことがわかってきたのです。ここからは、運動面から認知症予防について考えてみましょう。

最近の研究で、興味深いことが報告されています。体の細胞は徐々に老化が進んで、そのうち新しい細胞と入れ替わります。一方、脳の神経細胞については、人が生まれてから寿命を迎えるまで、新たに再生されることはないと、これまでは考えられてきました。

ところが、脳の海馬と呼ばれる場所では新たな神経細胞が作られ、古い細胞と置き換えられていることがわかったのです。ちなみに、この発見は「宇宙人はいないとずーっと信じられてきたけれど、その宇宙人が見つかった！」ってくらい衝撃的なことだったのです！　私たち人間がわかっていることって、ほんとにごく一握りのことなんでしょうね。

海馬は、主に記憶を担当する部署だと思ってください。そして、この海馬の神経細胞の再生と運動が関係あるようなのです。というのは、運動を続けることで海馬の神経細胞の再生を促す物質が分泌されやすくなるからです。運動の力って、すごいですね。

この研究には、続きがあります。海馬を新しくしてくれる物質は、強制的にさせられた運動では増えにくく、自分から自発的に運動したときにより増えるらしいのです。つまり、嫌々するのではなく楽しみながらする運動が、脳の健康に良いようです。そういえば、親から「勉強しろ」と言われて嫌々していた私も、勉強したことがモノになった記憶はありません……。何事も、人から言われて嫌々するのは良くないのですね。

さて、運動が体に良いとわかっていても、いざ始めようと思っても何を始めたらよいのでしょう。ここで、あなたに想像してほしいのですが、運動と聞いて真っ先に思い浮かぶものって何でしょうか。汗をたくさんかくような激しい動きを想像する人は少なくないと思います。ちなみに、そんな激しい運動を続ける自信ってありますか？　少なくとも私にはありません。あなたもきっとそうでは？

そんなあなたに嬉しい知らせがあります。実は、健康に良い運動は、そうした激しい運動ではなく、自分のペースで楽しめる運動なのです。こうした運動を、「有酸素運動」といいます。有酸素運動とは、軽く汗ばんだりお喋りができたりする程度の運動です。ですので、あなたが体を動かしているときに、軽く汗ばんでいたり、お喋りができていたりすれば、それはもう立派な有酸素運動です。

有酸素運動で体も心もイキイキ

有酸素運動は、ウォーキング、サイクリング、水泳などです。この中で手軽にできるのは、ウォーキングです。ウォーキングなんて横文字を使うと敷居が高くなった感じがしますが、ようは「お散歩」ですね。

散歩は、高血圧や糖尿病、脳卒中などの生活習慣病の予防や、生活習慣病になってしまったあとのそうした病気がひどくなるのを防いでくれる効果が期待できます。これらの生活習慣病は、認知症のリスクを高めるので、認知症予防としてもぜひ散歩を楽しんでほしいところです。

実は、散歩はアルツハイマー型認知症にも良いことがわかっています。普段よく歩く人と比べて、あまり歩かない人は、アルツハイマー型認知症に二倍程度なりやすいという報告があります。その理由の一つに、散歩などの有酸素運動がアルツハイマー型認知症を促す活性酸素やβタンパクを取り除いてくれる酵素の働きを高めてくれることが挙げられます。

また、認知症は進行すると脳内の血流が悪くなるため、脳の健康を保つには脳の血の巡りを良くすることが大切になります。有酸素運動は、脳内血流を良くするので、そうした点からも認知症予防や脳を元気にする活動として推奨できるのです。

さて、話は少し逸れますが、散歩は心の健康にも良いようです。というのは、散歩を続けると脳の中のセロトニンといわれる物質が増えるからです。セロトニンは、うつや不安と関係が深く、うつ病などの心の病気によって一時的に減ってしまうことがわかっています。なので、うつ病の回復過程では、セロトニンを増やす目的で散歩が勧められることもあります。体だけでなく、心の健康を保つためにも、散歩はお勧めです。

どの程度運動すれば良いか

先ほどは、散歩が認知症予防に良い話をしました。よく、「体の脂肪は二〇分程度運動しないと燃焼しない」なんて言われますが、認知症予防にもその程度の運動時間は必要のようです。ただし、一度に二〇分程度を歩かなければならないというわけではありません。二〇分続けて歩くのがつらければ、五分歩きを一日四回するというように、自分の体に合わせて歩いても構いません。もし、余裕があれば、少しだけ早歩きも取り入れてみてください。ゆったりペースと比べて効果が上がります。

「歩くのが認知症予防に良いのなら、がんばって一時間歩こう」とやる気になっているあなた。そのやる気は立派ですが、がんばって一時間歩いても、それが月に一度や二度では残念ながら効果は見込めません。少なくとも週に三回程度歩くことで、脳と体を元気にする効果が期待できるのです。

その運動がどれだけ激しいかは、重要ではありません。その運動が長続きすることこそ、もっとも大事です。運動を長続きさせる。あなたは自信がありますか？「私、運動を続ける自信ないんです」と首をうなだれる運動を思わずしてしまったあなたに、少し耳よりなお話をしましょう。

運動を三日坊主に終わらせないコツ

いろんな歩き方で散歩を楽しむ

「ダイエットに失敗したことのある人、この指とまれ！」なんて言うと、あまりの人の多さにその指はきっと折れてしまいます。安心してください。その指を真っ先に強く握りしめているのは、私ですから。

ダイエットが成功しないのは、目標の立て方に問題があるからです。たとえば、「今日から甘いものは食べない」「毎日一時間走ろう」「一カ月で一〇キロ痩せるぞ」なんて目標を立てたとして、ほんとにできると思いますか？　目標のハードルが高すぎると、「やってみよう」という意欲はわきません。

散歩が良いとわかっていても、いざ歩こうと思ったらおっくうになってしまう。こうしたとき、いきなり難しいことにチャレンジするのではなく、「やればできそう」と思える目標を立てることが大切です。

毎日歩く自信がなければ、「まずは週末から一〇分歩こう」というところから始めれば良いのです。それができるようになれば、「次は、週のうち二回一〇分歩こう」のように少しずつ目標のハードルを上げていくようにします。大きな壁を、棒高跳びのように一気に越えるのではなく、階段を一段一段確実に上がって越えるようにするのです。

そして、せっかく散歩をするなら、自分を追い立てるのではなく、楽しみながら歩きましょう。以前にした話を思い出してください。嫌々するのではなく楽しみながらする運動が、脳の健康に良いということを。美脚の自分を想像しながらエスカレーターではなく階段を使う、ショッピングモールで普段立ち寄らないエリアにまで足を延ばすなども、立派な運動になります。

散歩の仕方について、脳を元気にする効果的な歩き方をご紹介しましょう。それは、「歩いて外出するとき、いつもと違う道を通る」という歩き方です。私は、こうした歩き方は脳を元気にするだけでなく、認知症予防にも良いと考えています。

アルツハイマー型認知症は、初期のころに視空間認知の障害を認めます。視空間認知とは、目で見た世界を正しく捉える力のことであり、この力が低下すると道に迷うなどの問題が起こります。実は、視空間認知の働きは、アルツハイマー型認知症を発症する数年前から低下するようです。なので、アルツハイマー型認知症の前段階で低下する視空間認知の働きを刺激する活動を行うことで、認知症予防につながる可能性があるのです。

歩いて外出するとき、普段と違う道を通ると、目的地を基点として頭の中で地図を描きながら進まなければいけません。このような活動は、視空間認知の働きを効果的に刺激してくれます。ついでに、道中で新しい発見があったりすると、脳はさらに元気になるかもしれませんね。

運動はなぜ長続きしないか

先ほどは、運動が三日坊主に終わる理由として、目標の立て方に問題があるという話をしました。運動が長続きしない理由はこれだけではありません。運動が長続きするかしないかは、「きっかけと結果しだい」という話をしましょう。

私たちの行動は、きっかけと結果しだいで起こりやすさが違ってきます。

まず、きっかけから見ていきましょう。

私たちの行動は、それを引き出すきっかけが身の周りにあると起こりやすくなります。反対に、引き出すきっかけが身の周りにないと、その行動は起こりにくくなります。

ダイエットを決意しても、その決意があっという間に打ち砕かれてお菓子を食べてしまうのは、近くにお菓子があるからです。ダイエット行動が起こりにくいと同時に、お菓子を食べるという行動が起こりやすいきっかけに置かれているのです。

禁煙しようと思っても、外食したときに喫煙席に座ったら煙草を吸ってしまうでしょう。これも、禁煙行動が起こりにくいと同時に、喫煙行動が起こりやすくなるきっかけに置かれています。

これと同じで、運動するためのきっかけが身の周りに整っていないと、運動は長続きしないどころか、運動しようとすらしなくなります。

運動が長続きしない理由として、今度は結果について見ていきましょう。

夏の暑い日や冬の寒い日に外を二〇分歩くのと、快適な部屋でゴロゴロしながらお菓子をつまんだりテレビを観たりするのと、どちらを選びますか？　後者を選ぶ人は多いのではないでしょうか。なぜなら、後者の方はそれをすることで、良い結果をすぐに得ることができるからです。もし、二〇分歩いたらお腹のたるみがワンブロックなくなった！　なんてことになれば、毎日喜んで散歩を続けるでしょう。

ダイエットや病気の予防のための運動は、長く続ければ効果がありますが、それを今やってみたところで、すぐに目に見える変化を感じ取れません。すぐに良い結果が得られないために、運動は長続きしにくいのです。

以上のことからもわかるように、私たちの行動は「その行動を引き出すきっかけ」が身の周りにあり、「その行動をすると良い結果が得られる」という条件が整うと長続きします。禁煙を成功させたいなら、外食時には禁煙席に座るようにし、たばこやライターを身の周りに置かないなどのきっかけを作ればよいのです。ダイエットを成功させたいなら、ダイエットのために考え出した目標を実行するたびに、良い結果が得られるようにすればよいのです。では、どのようにきっかけや結果を作り出せばよいかを、次に考えてみましょう。

運動が続くきっかけと結果作り

「二〇分歩く」という目標を立てたとして、これがうまくいくきっかけと結果作りについて考えてみましょう。

まず、きっかけ作りです。どんなきっかけがあれば、「二〇分歩く」という行動につながりやすいでしょうか。一緒に散歩する仲間を作る、ペットを飼うなどによって、「二〇分歩く」という行動が起こりやすくなります。万歩計を身につけたり、お気に入りのシューズを買ったりするのも、「歩いてみよう」という気持ちにさせてくれるかもしれません。「こんなきっかけがあれば、自分で決めた運動を始めやすくなる」というきっかけを、あなたなりに作ってみてください。

あなたが今この本を読んでくださっているのは、近くに本を置いていたからですよね。これと同じように、それを目にすると目標として決めた運動をしたくなるようなきっかけを、工夫してみましょう。

次に、結果について考えてみましょう。二〇分歩いた後に良い結果が得られるようにしてあげるのです。つまり、自分にご褒美をあげれば良いのです。だけど、歩くたびにご褒美をあげていたら、コストがかかって大変です。そこで、コストがかからず、有効なご褒美を考えてみましょう。なんて書くと難しそうに感じる人もいるかもしれませんが、難しくありません。なぜなら、あなたはもうすでにその工夫を日常生活の中で利用しているからです。

それは、あなたの財布の中にある「ポイントカード」です。買い物をするとポイントをくれるお店があります。ポイントを溜めると、いろいろな景品と交換してもらえます。これは、またそのお店で買い物してもらうようにするアイデアです。あなたが目標として決めた運動をした後に、その日のカレンダーに○をつけたりシールを貼ったりします。これがポイントにあたります。

ここで、大事なことが二つあります。

一つは、ポイントをいくつ溜めるかです。一〇〇個溜めるのだと難しすぎますし、三個溜めるでは簡単すぎます。「二〇個溜めたらご褒美」のように、がんばればなんとかできるレベルにしておきましょう。

もう一つは、ご褒美の内容です。ご褒美は、

コストがかからず、あなたにとって魅力的なものが理想です。たとえば、「欠かさず観ているドラマを、録画して観る」「一五分マッサージを受けに行く」「●●レストランの限定ランチを食べる」「孫の声を電話で聞く」のように、さほどコストもかからず、自分にとって魅力的なご褒美を考えます。ポイントが溜まったら、ご褒美をあげて自分のがんばりをねぎらいましょう。

自分にあった運動をすれば十分

できることをすれば大丈夫

これまで、散歩を中心とした有酸素運動が、認知症予防に良いという話をしました。だけど、年のせいで足腰が弱くなった人や、病気や障害で長い時間歩くことが難しいという人も少なくありません。何らかのハンディキャップを持っているせいで、紹介した予防活動ができないのを知ることの哀しみは、ご本人にしかわかりません。当たり前ですが、人は誰もが健康ではありませんし、体の働きが十分ではないのです。

　長く歩けないからダメだなんて、あきらめる必要はありません。運動によって脳を元気にするのは、有酸素運動ばかりではないからです。体のバランス感覚を養ったり、柔らかさを保ったり、筋力を高めたりすることも、脳の健康を保ちます。足腰がつらければ、テレビ体操の番組で椅子に座って体操をしているモデルと同じ体操をしてください。日常生活の中で、少しでも体を動かせる機会があれば、ご自分のペースで動かしてください。
いよいよ寝たきりで動かせないということであれば、運動以外に紹介した脳を元気にすることに取り組んでください。人の営みは本当に幅が広く、何かができなくなったからおしまいというわけでは決してありません。あなたができることをすれば大丈夫ですからね。

しっかり噛んで認知症予防

運動の話の最後に、きっと多くの人ができる運動で、脳の健康に良いものを紹介しましょう。それは、「よく噛む」ということ。口の動きも立派な運動です。噛むことが脳に良いとわかったのは、ネズミ君が教えてくれました。

ネズミ君は、運動が脳に良いことも教えてくれています。遊び道具もあって広い部屋で暮らしているネズミ君と、遊び道具もなく狭い部屋で暮らしているネズミ君に、「水迷路」という課題にチャレンジしてもらいます。水迷路は、水槽の中に一カ所だけ浅瀬があって、そこにたどり着くと泳がずに済みます。水迷路に何度もチャレンジすると、どのあたりに浅瀬があるか学習して、より早く浅瀬にたどり着けるようになります。

先ほどのネズミ君たちですが、遊び道具もなく狭い部屋で暮らしていたネズミ君よりも、遊び道具があって広い部屋で暮らしていたネズミ君の方が、より早く浅瀬にたどり着くことができたのです。ここから、運動が脳の働きを良くするという結果が導き出せます。

同じように、固形のエサを与えたネズミ君と粉末のエサを与えたネズミ君で、どちらが早く浅瀬にたどり着けるかという実験をしてみたところ、固形のエサを与えられていたネズミ君の方が早かったのがわかりました。固形のエサと粉末のエサの違いは、「噛むか噛まないか」です。

噛まずに食べたネズミ君の脳の中をこっそり覗いてみると、記憶を司る海馬の神経細胞の数が減っていました。しっかりと噛んで食べることで、海馬を含む脳の神経細胞に良い刺激を与えるのですね。「笑う門には福来たる」といいますが、「噛む門には脳の健康来たる（Come）」というわけです。

以前、散歩が心の健康にも良いという話をしました。その訳は、散歩を続けることで、セロトニンという物質が脳内に増えるからです。脳内のセロトニンが少ないとうつや不安になりやすく、多いと気持ちが穏やかになります。そして、うつ病などの心の病気にかかると、セロトニンは一時的に減ってしまいます。

実は、しっかりと噛むことで、セロトニンが増えることがわかりました。なので、精神科医の中には、うつ病の患者さんにガムを噛むように勧める人もいます。ガムが歯に引っ付いて差し歯が取れる人は、スルメでもいいじゃありませんか。

しっかり噛んで認知症予防！　そのうえ、セロトニンを増やしてうつ病予防です！　うつ病の話が出てきたところで、次からうつ病を含む、人の抱える病気と認知症の関係について、詳しくみていきましょう。

第7章

身体と心から認知症予防を読み解く

認知症予防も先手必勝

認知症予防は年寄りの話？

住民を対象に認知症予防の話をすると、来てくださる人で圧倒的に多いのは高齢者です。働いている若い世代は、平日は参加しづらいよなぁと思って休日にしても結果は同じ。これって、若い人の中で「認知症は年寄りの病気だし、自分には関係ないから」って思いがあるからではないでしょうか。

認知症の中には、「若年性認知症」という六五歳未満の若い世代に発症する認知症もあります。もちろん、この若年性認知症もいろんな病気をひっくるめた名前で、若くして発症するアルツハイマー型認知症もあれば、脳血管性認知症もあるということだと思ってください。若年性認知症の発症率は、人口一〇万人に対して五〇人程度だといわれています。私の住んでいる鳥取県はざっと六〇万人の人口ですから、県内には三〇〇人程度は若年性認知症の人がいるという計算になります。この数をみても、年をとって発症する認知症と比べてはるかに数が少ないので、若い人たちにはピンとこないかもしれません。

ところで、アルツハイマー型認知症の発症のカラクリを以前説明したのを覚えていますか？　早ければ四〇歳代からβタンパクが脳内に溜まり始めるのをきっかけに脳の老化がゆっくりと進み、二〇年程の歳月をかけて発症にたどり着くのでしたね。ということは、まだ発症していないとはいえ、中年期からの生活が、年をとってから認知症に早くなるのかならないのかを決めるといっても言い過ぎではありません。

認知症予防とは、認知症になりにくい生活習慣を身につけて脳の老化のスピードを緩めることで、認知症になるのを先延ばしすることです。生活習慣がかなめです。生活習慣、なかなか変わらないですよね。中年期から認知症予防に良い生活をスタートするには、それ以前にそうした生活習慣を身につけておくことが大切です。そう考えると、若い人たちにも認知症予防は決して縁のない話ではなくなります。

子どもの未来に待っているのは

ここで、少し視点を変えて、ある小学生の日常生活をこっそり覗いてみましょう。

小学校から帰ってきた太郎君は、菓子袋を抱えてソファに寝っころがりました。これからゲームを楽しむのだそうです。片手でボタン操作しながらもう一方の手ではお菓子を次々と口に放り込む。とっても器用に動く太郎君は、少しぽっちゃりしています。

夕方になって、お母さんが帰ってきました。お菓子をつまみながらゲームに夢中の太郎君に、宿題はしたのか尋ねます。太郎君は「あとでする」と気のない返事をします。お母さんはさらに言います。「ポチの散歩に行ってきてよ」太郎君は「ムリ」と一言。

太郎君の手と口以外はいつ動くのだろうと思ったら、そのうちのっそりと食卓にやってきました。さあ、これから楽しい夕食です。テーブルの上には、美味しそうなハンバーグにポテトフライ。太郎君の大好物です。実は太郎君、魚料理が大の苦手で、せっかくお母さんが作ってもほとんど食べてくれません。ついでに野菜も嫌いです。

さて、ここまでのところで、あなたに質問です。太郎君の生活は、認知症予防に良いといえるでしょうか？　これまでの話をしっかり読んでいただいたあなたには、この答えは明確ですよね。認知症予防に良くないどころか、認知症のリスクを高めてしまいます。

では、再び考えてみてください。この先、太郎君が認知症を予防しようと思えば、日頃から運動を楽しみ、魚や野菜も食べてカロリーオーバーになり過ぎないような習慣を身につけなければなりません。太郎君のような子ども時代を過ごしていて、大人になってから習慣を一八〇度変えることって簡単なことでしょうか。小さいころからの好みが変わらないのを、あなたはきっと身をもって経験したはずです。そう考えると、認知症予防は決して年寄りだけの話ではなくなります。

生活習慣病と認知症のふか～いつながり

中年期の様子が将来の鏡になる

前節で、認知症予防は認知症になりにくい生活習慣を身につけることがかなめだと話しました。そして、生活習慣は簡単には変えることができないので、若いうちから認知症予防の生活習慣を身につけることが大切だとも伝えました。「子ども叱るな来た道だ、年寄り笑うな行く道だ」という言葉がありますが、まさに「子ども侮《あなど》るな認知症、年寄りあきらめるな認知症予防」なのです。中年期から始まる脳の老化を遅らせて、認知症の発症を少しでも先延ばしできるよう、今日からさっそく認知症予防の習慣を始めましょう。

さて、話はここで「めでたし、めでたし」で終わりません。ここまでの話でも、「まぁ、いつか認知症予防の生活を始めることにして、今は……」と余裕こいてゴロゴロしている中年のあなた！　これから、中年期から認知症予防の生活習慣を身につけたくなる情報を伝えますから、よーく聞いてください。

認知症予防には、定期的な運動が良いという話をしました。年をとってから始める運動も効果がありますが、できれば中年期から始めるとなお良いでしょう。というのも、中年期に週に二回程度、一回につき二〇～三〇分間体を活発に動かすと、将来認知症になるリスクが下がるという報告があるからです。それも、仕事のついでに体を動かすよりも、仕事以外のオフの時間にこうした習慣を持っている方がより効果的とのことです。最近の研究では、中年期に運動をしっかりすると、年をとってから脳が萎縮しづらくなることもわかってきています。

また、中年期に肥満だったり（ＢＭＩで三〇以上）、中年期に高血圧だったり（収縮期血圧が一四〇mm Hg以上）、中年期にコレステロールが高かったりと、どれか一つが該当すると、将来認知症に二倍程度なりやすくなるそうです。「あのぉ……。わたし三冠王なんですけど。この場合って、どうなるんですか？」と心配しているあなた。こっそり教えますので、耳を近づけてください。中年期に肥満で高血圧でコレステロールが高いと……将来、認知症に六倍程度なりやすくなるそうです！

さて、ここでゴロゴロしている自分や、こってりしたものを好んで食べ続けている自分をふり返って、「やばい……」と思ったあなた。もうすでに、認知症予防の習慣に片足の先の指先を突っ込んでいるも同然です。なぜなら、習慣はこれまでの意識が変わらないと変化しにくいものですから。

高血圧などの話が出てきたところで、これから生活習慣病と認知症予防の話をさらに深めてみましょう。

生活習慣病は認知症の温床に

すでに挙がった生活習慣病以外に、糖尿病も認知症のリスクを高めます。糖尿病は、脳卒中の危険因子なので脳血管性認知症と関連するのはわかりますが、アルツハイマー型認知症のリスクも二倍あまり高めるようです。また、最近よく見聞きするメタボリック症候群も、認知症のリスクを高めるといわれています。検診のときにわざとお腹を引っ込めて腹囲のウソ申告をしても、認知症を含めたさまざまな病気をだますことはできませんのであしからず。

ここまでの話から、生活習慣病を予防することが、認知症予防につながるとわかりますね。では、どのように生活習慣病を予防すればよいか。生活習慣病は、食生活のかたよりや運動不足、そしてストレスなどの影響によってかかりやすい病気です。ということは、これまで紹介したことを実践することが、生活習慣病の予防になるのです。生活習慣病の話が、この段階で登場したのには訳があったのです。認知症予防のための生活習慣は、生活習慣病の予防にもなる。まさに、一石二鳥ですね。

すでに生活習慣病を発症した人は、あきらめて認知症の発症を静かに待つしかないのでしょうか。

そんなことはありません。生活習慣病がひどくならないように、医者の処方通りに薬を飲み、食事や運動を認知症予防スタイルにシフトすることで、脳を元気にし認知症予防につながります。

心の健康は脳の健康につながる

うつは認知症のリスクを高める

あなたにとって、「うつ病」は縁遠い病気ですか？　それとも身近な病気ですか？「病は気から。うつ病なんて気の持ちよう」なんて侮《あなど》ってはいけません。うつ病の生涯有病率は、一〇％程度だといわれています。生涯有病率とは、一生のうちに一度はその病気にかかる人の割合のことです。ということは、生涯で一度はうつ病になる人は、一〇人に一人はいるということになります。誰にとっても身近な病気といえるでしょう。

さて、うつ病を患う高齢者の中に、もの忘れなどの認知症に似た症状がみられることがあります。このような状態は、本当の認知症ではないので、仮性認知症と呼ばれています。仮性認知症と認知症との違いは、多くの認知症がいったん病気になると治りにくいのに対し、仮性認知症はうつ病からの回復とともに良くなるということです。

ところが、うつ病はアルツハイマー病のリスクを二倍程度高めることがわかってきました。強いストレスにさらされると、副腎からコルチゾールというホルモンが放出されますが、これが過剰になると記憶を担当する海馬が傷ついて、記憶力が悪くなります。また、βタンパクも溜まりやすくなります。βタンパクが溜まった先には、アルツハイマー型認知症が待っているというわけです。

ストレスと病気の意外な関係

ストレスという言葉を聞いて、「自分には関係ない」と思う人は少ないでしょう。現代社会は、ストレス社会だといわれますが、中でもストレスを感じやすい性格があります。それは、「タイプA性格」です。「A性格というくらいだから、ええ性格なのでは」とダジャレを言いたくなるのも吹っ飛ぶほど、この性格は心臓病や脳卒中と深いつながりがあります。

タイプA性格について最初に言及したのは、アメリカの医師フリードマンです。心臓病を専門としていた彼は、外来の待合室の椅子の多くがすり切れているのをみて、「もしかして心臓病になりやすい人の特徴が表れているのかも」と推理しました。そこで、診療の合間に待合室の様子をしばらく観察したところ、時計を何度も気にしたり、席を立ったり座ったりする患者が多いことに気づきました。このことから、心臓病患者によくみられる性格があると考えたフリードマンは、このような性格を「タイプA性格」と名づけたのです。

タイプA性格とは、「負けず嫌いで、完璧主義。そのうえ、怒りっぽくて、いつも時間に追われている感じがする」という性格です。このような性格の人は、そうでない人と比べて心臓病や脳卒中

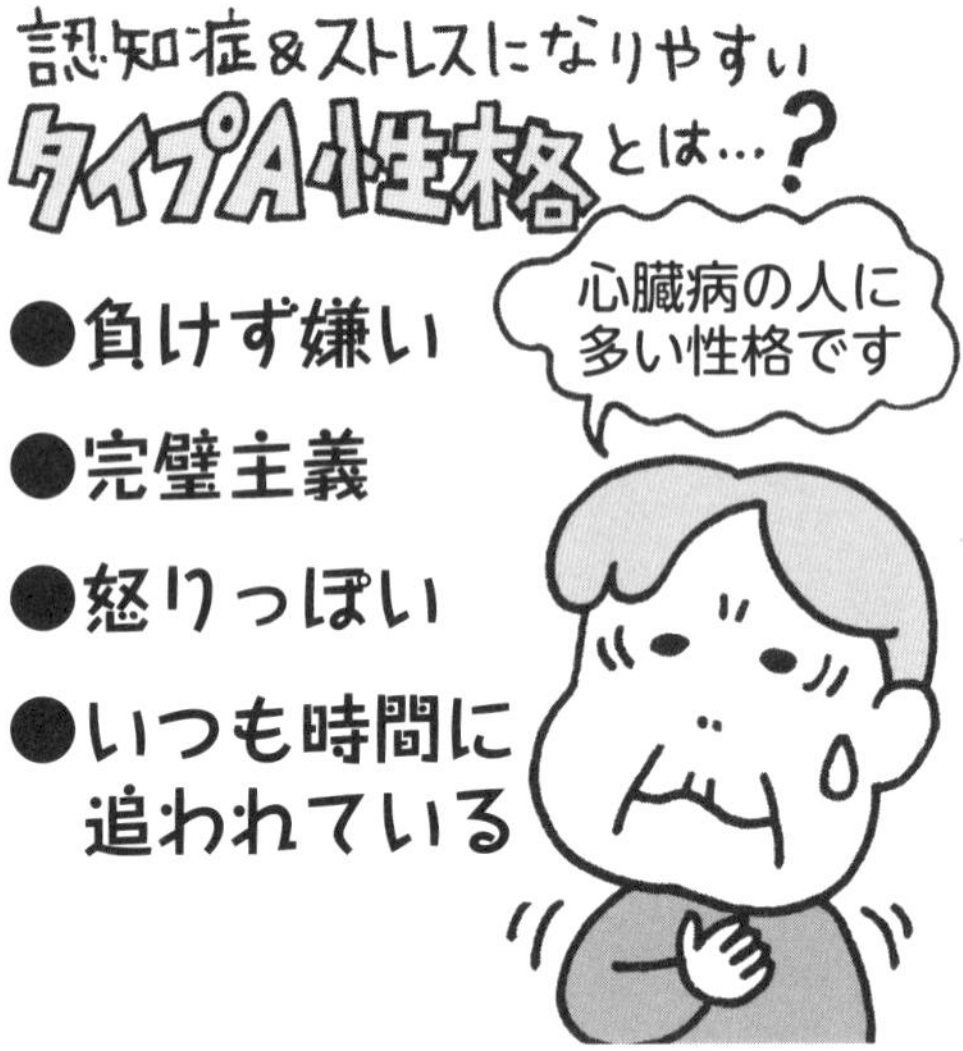
認知症&ストレスになりやすい
タイプA性格とは…？
心臓病の人に
多い性格です
●負けず嫌い
●完璧主義
●怒りっぽい
●いつも時間に
追われている

になりやすいことがわかっています。

　自律神経という言葉を聞いたことがありませんか。自律神経は、「交感神経」と「副交感神経」からなります。交感神経はがんばるときに働くので「がんばりスイッチ」、副交感神経はのんびりするときに働くので「のんびりスイッチ」といえます。双方のバランスがとれて、私たちはメリハリのある健康な暮らしができます。がんばりスイッチがＯＮになっているとき、私たちの体は当座のエネルギーである酸素を必要とします。酸素をできるだけ早く全身に送りたいわけですが、酸素は血液に乗っかって全身に送られます。ということは、血液を素早く全身に送るために、ポンプに圧をかけなければなりません。血液を送るポンプは心臓ですね。そのため、がんばろうとするときは必然的に血圧が上がるのです。

さて、先ほどのタイプA性格の人は、この「がんばりスイッチ」が常にONになった状態です。ということは、血圧が高い状態が続いてしまうわけですから心臓に負担がかかりますし、動脈硬化を招いて脳卒中になりやすくなるというのも不思議ではありません。脳卒中は、脳血管性認知症を引き起こすので、ストレスは認知症のリスクを高めます。

とはいえ、性格を変えるなんて難しい話ですし、そうしようとすると新たなストレスが生まれるだけです。タイプA性格が思い当たる人は、一日に一度でもゆったりできる時間を楽しむなど、少しでいいので「がんばりスイッチ」から「のんびりスイッチ」に切り替えられる時間を作ってください。

ストレスとうまくつきあおう

先ほどは、うつ病や強いストレスによって認知症になりやすくなるという話をしました。ストレスという言葉を聞くと、それ自体に悪い印象が伴うので、ストレス解消することが良いことのように思えます。だけど、ストレスをまったくなくすことって、できるでしょうか。ここで、「極端なことは怪しい」というキーワードを思い出してください。生きていると当たり前に生じるストレスをすべてなくすなんて極端です。それに、ストレスはすべて悪いものだともいえないのです。ストレスをあえて日本語に直すと、「緊張状態」と言い表せます。もし、まったく緊張もせず日々過ごしていたら、どんなことが起こるでしょうか。気が緩んでしまっているせいで、いたるところでミスとトラブルが続出するでしょう。ほどほどの緊張状態にあるからこそ、集中力を高めて良い仕事ができるのです。問題なのは、その緊張状態が度を越えてしまったり、本来緊張を解いてもよい状況で緊張し続けたりすることです。ストレスはなくすのではなく、上手におつきあいすることができればよいのです。

そのために、あなたには充電レパートリーを広げてもらいたいのです。カラオケのレパートリーが広いと、歌を歌うとき楽しいですね。料理のレパートリーが広いと、食生活が豊かになります。それと同じように、心のエネルギーを充電するレパートリーが広いと、ストレスにうまく対処することができるのです。

誰でも簡単にできる充電レパートリーを、いくつか紹介しましょう。まずは、疲れたらいったんストレスの原因から離れてください。ストレスが過重になると、普段と比べて能率が落ちます。そんなときは、そのまま無理をしてがんばり続けるよりも、いったん退却して少し休んだ方が得策です。そうはいっても、休みたくても休めないという人もいるでしょう。そんな人は、優先順位をつけて一つのことに集中するようにしてください。ストレスが強くなると、「あれもしなきゃこれもしなきゃ」と思いがちです。だけど、あれもこれもすると結局何も片づけられず、ストレスを余計に溜めてしまうことになります。ストレスのせいで落ちてしまった能率に見合うよう、優先順位をつけて一つずつ片づけていくようにしてください。散歩などの軽い運動もおススメです。こうした有酸素運動が、うつ病やストレスに良いという話を以前したのを思い出してください。良質な睡眠をとるのも大切です。睡眠は、最も身近な充電法だし、うつ病を始め心と体の病気の予防と治癒に効果的です。より良く眠るためのコツについては、あとでじっくり紹介します。

そして、誰かのためではない「自分の時間」を、少しでもよいので持ってください。私たちは、毎日多くの時間を誰かのために使っています。家族のために家事をし、お客のために仕事をする。こうした「誰かのため」の日々の行いは、私たちに充実感をもたらす一方でストレスにもなります。心のエネルギーをしっかり充電するために、「誰かのため」は取っ払って自分のためだけの時間を少しでいいので作ってください。私は、週に一度だけ職場から帰宅する途中で、小さなカフェでココアを飲みながらマンガを読みます。ちょっとしたひとときですが、この時間を持っていることが、私にかなりの余裕をもたらしているのがわかります。自分のためだけの時間になれば、何をしてもよいと思います。とはいえ、これまで自分のための時間を十分に持てなかった人の中には、何をすればよいかイメージがわかないこともあるでしょう。たいしたことじゃなくていいんです。空き時間にゴロゴロする。本屋に行って立ち読みする。手軽にできることをやってみて、それがあなたにフィットしたら、それはもう立派な充電レパートリーです。そんな感じで自分のための時間を過ごしていうちに、あなたの充電レパートリーは自然と広がっていきますから、難しく考えないでくださいね。

考えの幅を広げて心を軽くする

さて、ここからは先ほど紹介したやり方でもうまくいかないガンコなストレスとどうつきあえばよいかという話をしましょう。私たちの悩みは、物事を悪く考えてしまうマイナス思考から生まれることとって多いですね。だとすれば、マイナス思考をなんとかできればよいということになります。ここで、「そうだ！　プラス思考で考えよう」と思ったあなた。それは違います。元気なときはプラス思考で考えられるでしょうが、落ち込んでいるときにプラス思考で考えるなんてムリです。それに、たとえプラス思考を捻り出せても、それによって気分が晴れることはほとんどありません。なぜなら、プラス思考は極端すぎて納得できないからです。無理にポジティブに考えなくてもよいのです。そうではなく、考えの幅を広げてみるという習慣を身につけてください。

考えの幅を広げるとはどういうことか。たとえば、ペットボトルを「飲む」という用途以外でどうやって使うか考えてみてください。筋トレに使う、ペン立てに使う、猫除けに使う、などいろんな使い方が浮かびます。これらのアイデアは、プラス思考ではありません。考えの幅を広げるとは、このように一つの物事をいろんな角度からみつめ直してみることをいいます。たとえば、マイナス思考の根拠はあるのかとか、矛盾する事実はないかという視点で、マイナス思考をみつめ直してください。マイナス思考の根拠が見つからず、マイナス思考と矛盾する事実が見つかると、マイナス思考の持っている影響力はしぼんでいきます。そうなると、マイナス思考とは別の考えを見つけやすくなりますね。

このようなやり方を「認知療法」といって、うつ病を始めとした心の病気の治療にとても効果があることが知られています。認知療法は、心の健康を保つことにも有効です。認知療法について興味のある人は、私が書いた本で恐縮ですが『マイナス思考と上手につきあう認知療法トレーニング・ブック』（遠見書房）を読んでみてください。認知療法を、楽しく身につけることができると思います。

第8章 活動から認知症予防を読み解く

眠りと認知症のちょっと意外な関係

ちょこっと昼寝のススメ

お昼寝が好きな方に、朗報があります。実は、一時間以内の昼寝がアルツハイマー型認知症になるリスクを下げるというのです。理想は、三〇分以内の短い昼寝が良いようです。ただし、時間は大事。「昼寝がいいんだぁ！」と思って一時間以上昼寝をとってしまうと、逆にアルツハイマー型認知症になるリスクを高めてしまいます。

三〇分程度で目覚める自信のない人は、昼寝をする前にコーヒーかお茶を飲んでください。ちなみに、これらの飲み物は夜眠る前に飲んじゃダメといわれる飲み物です。理由は、カフェインが入っているからです。カフェインは、覚醒作用や利尿作用があるので、頭がさえたり尿意を感じたりして、眠りが浅くなります。実は、カフェインは摂取後三〇分ほどして効き始めるようです。ということは、コーヒーを飲んで昼寝すると、三〇分後に目覚めやすくなりますね。

長時間の昼寝は、認知症のリスクを高めるほかに、不眠の温床にもなります。人は、疲れたら眠くなるようにできています。長く昼寝をとったせいで疲れが解消され過ぎてしまうと、夜になってもなかなか眠気がこなくなります。また、長い時間昼寝をすることで、夜の睡眠は浅くなります。昼寝をするのは、昼食後から一五時までの間にしておきましょう。たとえ短い時間であったとしても、一五時以降に昼寝をしてしまうと、夜の寝つきを悪くするうえに、眠りを浅くします。

薬を使わず不眠を改善するコツ

不眠の話が出たついでに、薬を使わずに不眠を改善するコツについてお伝えします。なかなか寝つけない。夜中に何度か目が覚める。朝起きてもぐっすり眠った気がしない。こうしたことで、日中活動に支障が出てしまう状態を「不眠」といい、日本人の五人に一人が悩んでいるといわれています。不眠は、高血圧や糖尿病、心臓病といった体の病気やうつ病などの心の病気を持っていれば、それらの病気を悪化させます。健康を保つためにも、不眠を改善して睡眠の質を高めることはとても大切なのです。

ちなみに、人は年を重ねるにつれ、眠りが浅くなります。若いころと比べて眠りが浅くなったと気にしている人もいるでしょう。眠りが浅くても日中困っていないようであれば、そこまで気にしなくても大丈夫ですからね。

さて、不眠を改善して睡眠の質を高めるコツは、すでに述べたこと以外に次の八つです。

① 眠くなってから布団に入る

眠くないのに「寝る時間だから」とか「翌朝、早起きしなければいけないから」という理由で、早目に布団に入っても寝つけません。そうすると、余計に気持ちは焦り、眠気が遠のいてしまいます。眠くなるまでは、布団に入らないようにしましょう。

② しばらくしても眠れなければ布団から離れる

布団に入ってしばらくしても眠れなければ一旦布団から離れ、眠気がくるのをゆったり待ちます。布団を離れたら、和やかな気持ちで気楽にできることをしながら、横にならずに過ごしてください。眠くなったら、布団に戻ってください。しばらくしても眠れなければ、同じことを繰り返します。

③ 毎日同じ時刻に起き、二度寝をしない

前の晩どんなに遅く寝ついても、翌朝は決まった時間に起きてください。そうすることで、眠りの質を「深くぐっすり」に整え直すことができます。翌朝は、どんなに眠くても二度寝をしないでください。体内時計がくるってしまい、夜になっても眠気がこなくなるからです。

④　朝起きたら外の光を浴びる

朝起きて外の光を浴びると、スッキリと目覚められます。外の光といっても、曇りの日の明るさでも十分です。朝起きたら、カーテンを開けて外の光を部屋の中に取り込んでください。朝食や通勤などの朝の活動に明るい場所を選ぶだけでも体がスッキリします。

⑤　寝る前にお酒やカフェインを飲まない

寝酒は睡眠を良くすると思っている人もいますが、眠りを浅くして夜中に目が覚めやすくなるので、まったく逆効果です。寝酒は、睡眠の質を劣化させるので、さっそく今日からやめて、代わりに食事時など少し早めに楽しむようにしてください。

⑥　寝る前はリラックスした時間を楽しむ

ぬるめ（四一度まで）のお風呂にゆっくりと浸かる、ストレッチを楽しむ、音楽やアロマなどを楽しむなど、自分なりのリラックスできる過ごし方を楽しんでください。寝つきを良くするには、脳の興奮を和らげた方が良いからです。ということは、脳の興奮を促すようなことは、寝る前はしないでおいた方が良いですね。のめり込むようなことは、脳の興奮を促すので寝る前は控えておきましょう。

⑦　夜中に時計やスマホを見ない

寝つけなかったり、夜中に目が覚めたりしたときに、今の時間がわかると気持ちが焦るので眠れなくなります。なので、時計やスマホなど時間がわかるものは見ないようにしましょう。スマホの明かりや情報は、頭を刺激して目がさえてしまうので、寝ようとするときに見るのはおススメしません。

⑧　日中にゆるい運動を楽しむ

ゆるい運動とは、「有酸素運動」のことです。有酸素運動とは、お喋りをしながら楽しめるような、軽く汗ばむ程度の運動のことをいいます。ウォーキングやジョギング、サイクリング、ラジオ体操などが有酸素運動にあたります。

人は、疲れたら眠くなるようにできているという話をしました。ゆるい運動をすることでほどよい疲れをためて、夜になって自然な眠気が訪れるようにするのです。ただし、夜寝る前の二時間は、運動をしないでください。人は、体温が徐々に下がる過程で眠気が訪れます。運動は体温を上げるので、眠る前にしてしまうと、逆に寝つきを悪くします。

脳を元気にするさまざまな活動

老後に備えて知的な蓄えを

「老後に備えて貯金をしましょう」と、よく言われます。実は、脳の働きも老後に備えて蓄えることができるって、知ってました？　頭をしっかりと使うことによって、認知症予防につながる可能性があるのです。

頭を使えば使うほど認知症になりにくいという考えは、「知的な蓄え」(cognitive reserve) と呼ばれています。なぜ、頭を使うほど認知症になりにくくなるのか。そのカラクリは、次のようなことらしいのです。頭をたくさん使うことによって、脳の神経細胞や神経ネットワークが強められ、これが知的な蓄えとなります。年とともに脳の神経細胞が減り、少しずつ認知症に近づいたとしても、知的な蓄えのおかげで、しばらくの間は認知症レベルの知的な問題はみられないというのです。

頭は使えば使うほど良いと言っても、やり過ぎは禁物です。ある人からこんな話を聞きました。「音読が脳を元気にするらしいので、毎日平家物語を一時間音読しています。とても疲れるし、ストレスを感じるのですが、脳の健康のためだと思って」。認知症予防の情報を読み解くキーワードは、

「極端なことは怪しい」でしたね。一時間も難しい古典を音読するなんて、極端です。それに、ストレスを溜めるのは認知症に良くありません。音読が良いとはいえ、毎日こんなことを続けていたら逆効果です。あなたにとって無理なく楽しめる「脳の散歩道」を歩いてみることで、知的な蓄えを重ねてくださいね。

とはいえ、何をすれば良いのでしょうか。単純な計算が脳を元気にするという話もあります。小学校のころに嫌々した（させられた？）ようなドリルを買って、チャレンジしている人もいるようです。この場合、「それをすることが楽しい」なら正解です。だけど、「やっていて嫌な気持ちになる」なら逆効果です。それだと、買い物のときにレジで支払いをする際、おつりをもらうまでに頭の中で引き算しておつりを勘定したり、買った物を買い物かごに入れるたびに足し算しながら買い物をしたりという程度でよいのではないかと思います。ほかにも、新聞を読む、指先を使う、トランプやクロスワードパズルをする、盤を使うゲームをする、楽器の演奏をする、新しい料理を作る、旅行の計画を練るなどの活動を楽しむことが、脳を元気にして認知症になりにくくするといわれています。

この話を聞いて、「こんなにたくさんのことをしなければならないの?!」と思ったあなた。「極端なことは怪しい」を思い出してください。私にしてみたら、こんなにいろんな活動があるのなら、「結局、頭を使って心がウキウキすることならなんでもいいんでないの？」と思ってしまいます。頭をしっかり使いながら、あなたが楽しめることなら、何でも良いと思います。

自分なりの人との交流のススメ

人との交流が、認知症予防に良いとの指摘があります。誰ともほとんど接触する機会のない人は、誰かと頻繁に交流する人と比べて認知症になりやすいというのです。人と交わる機会が少ないと外から入ってくる刺激も減り、そのことが脳の働きを低下させるのかもしれません。

とはいえ、人の性格はいろいろです。社交的な人もいれば内向的な人もいます。内向的な性格は、必ずしも悪いことだと思いません。自分の世界を大切にするとか、自分のペースを大切にするということでもありますから。なので、これまでの性格をねじ曲げて、無理に人と交流するなんて意気込まないでくださいね。もちろん、それをしてみて楽しければよいのですが、逆に疲れてしまったりすると逆効果です。あなた自身を大切にして、できれば誰でも構いませんから身近にひとりでも、何かあったら相談できるような人を作っておいてください。もちろん、その人をあなたも支えてあげられると、なおすてきなことです。

地域で取り組む認知症予防の形

みんなで元気になる脳いきいき教室

ここまでの話で、認知症予防は生活習慣が大切だとおわかりいただけたと思います。生活習慣を変えるって、難しいですね。ひとりでは大変な予防のための習慣も、地域の仲間と一緒なら続けることができます。そこで誕生したのが、地域住民が自分たちで運営できる『脳いきいき教室』です。

脳いきいき教室は、鳥取大学院竹田研究室と鳥取医療生協が共同で開発した認知症予防プログラムです。なんて書くと、たいそうなもののように聞こえますが、地域住民が自分たちで運営できる認知症予防活動だと考えてください。脳いきいき教室は誰でも無償で実践できるので、医療生協を中心にさまざまな団体によって全国で取り組まれています。認定ＮＰＯ法人認知症予防ネット神戸では、設立した二〇一〇年当初より、このプログラムを『脳いきいきクラブ』として利用してくれており、「高齢者が尊厳を保ちながら安心して暮らせるまち作り」を理念として掲げ、神戸市で住民主体による認知症予防活動を展開しています。

脳いきいき教室は、三時間の養成講座を受講したインストラクターが進行します。彼らは、専門知識や経験は持ってないけれど、「やってみたい」という意欲のあった地域の人たちです。インストラクター養成講座は、要請のあった地域に脳いきいきマスターが出向いて開催します。ちなみに、脳いきいきマスターは、医療福祉生協連主催で毎年開かれるマスター養成講座を受講した人に与えられる資格です。現在、全国に一三六名のマスターがいて、インストラクターを養成するために活躍しています。

脳いきいき教室は、月に一回行う集団活動と毎日行う個人活動からなります。集団活動では、脳いきいき教室プログラムを、六～八名程度のグループで一時間程度行います。これを合計七回行うわけですから、七カ月間実施することになります。七カ月続けるのには、訳があります。人は、新しいことを半年続けることができれば習慣となります。その理屈をもとに、七カ月間続けることで、認知症予防活動の習慣化を狙っているわけです。

脳いきいき教室の特長は、参加者が自分たちで簡単に運営できることです。集団活動は、①五カ条のふり返り、②リラックス体操、③読み物の音読、④脳いきいきゲーム、⑤次回のゲームの話し合いの五つからなります。五カ条のふり返りでは、参加者があとで述べる五カ条のうち特にがんばったことを発表し、みんなで褒め合います。みんなで褒め合うことが、認知症予防の習慣を促す原動力となるのです。みんなで体操してリラックスした後に、③以降の活動では自分たちで内容を決めて進めます。インストラクターは進行を担うだけで、参加者ひとりひとりが積極的に参加してみんなで楽しみながら進めていきます。たとえば、参加者が持参した読み物をみんなで音読したり、みんなで話し合って決めたゲームを楽しんだりします。

一方、個人活動では、これまで紹介した認知症予防活動を「脳いきいき五カ条」（図2）としてまとめ、参加者各自が毎日取り組みます。五カ条は、「食・動・楽・知・休」の五領域に二個ずつの活動がふり分けられており、各自で一領域から一個ずつ選んで毎日五つの活動を楽しんでもらいます。五カ条のうち、最後の「リラックス体操」とは肩をゆっくりと上げておろすという簡単な体操です（図3）。

脳いきいき五カ条	
食	◎野菜と魚中心の食事をとる（飲み物は緑茶） ◎腹八分目に抑え，よく噛んで食べる
動	◎軽く汗ばむ程度，散歩などの運動をする ◎歩いて外出するとき，いつもと違う道を通る
楽	◎誰かと1日1回以上，自分から話をする ◎指先や頭を使った趣味を楽しむ（なんでもよいので，楽しいと思えることをする）
知	◎買い物で暗算する（買った物の値段を足し算し，支払いのときはつり銭を引き算する） ◎新聞から面白い記事を見つけて音読する
休	◎午後3時までに，30分程度の昼寝をする（午後3時以降と，1時間以上はダメ） ◎リラックス体操でストレスを解消する

図2　脳いきいき五カ条

毎月一回の集団活動だけで、認知症の発症を遅らせることなどあり得ません。認知症を予防するには、認知症の発症を遅らせるといわれる生活習慣を毎日続けることが大切です。毎月行う集団活動は、参加者が日々の予防活動（脳いきいき五カ条）を続けるためのサポートになります。脳いきいき教室は、認知症予防活動を習慣化するための仕組みでもあります。

脳いきいき教室の視線の先には

七カ月の脳いきいき教室が終わると、多くの参加者は脳いきいき五カ条が習慣化しています。終わ

【リラックス体操】

肩をゆっくりと上げておろすという簡単な体操です。

①腕を真横におろし，背筋をまっすぐにして座る，または立つ。

②肩をゆっくりと上がるところまで上げる。
肩の動きが止まると，その状態での緊張を２，３秒程度感じる。

③肩をゆっくりとおろす（一気にストンとおろした方が気持ちよければ，それでもよい）。
肩をおろすときの心地よさ，おろしたあとの力の抜けた感じを味わう。

図３　リラックス体操

ったあとも、月に一度集まって活動を続けるグループがあります。そこでは、自分たちがしたいことを自主的に楽しんでいるようです。七カ月間脳いきいき教室を自主的に運営したことで、自分たちで考え、発言し、試してみるという自発的な態度が育まれた結果でしょう。脳いきいき教室は、参加者の自発的な活動を後押しすることも目指しています。なぜなら、脳の健康や認知症予防に良いのは、受け身的な生活より自発的な生活スタイルだからです。

脳いきいき教室前後を比べると参加者の脳の働きは維持したり改善したりすることがわかりましたが、その効果は二年後も続いていました。脳いきいき教室は、認知症予防活動の習慣化を促し、自発的な活動を後押しするほかに、もう一つ大切な目的があります。それは、認知症になっても安心して暮らせるよう、近隣のつながりを深めることです。参加者からは、「普段からお互いに声をかけ合うようになった」、「近所の人たちとの人間関係が良くなった」、「認知症が予防できてもできなくても、この地域でなら安心して暮らせると思った」などの感想が寄せられます。参加者にこのような思いを実感していただけることも、脳いきいき教室の大きな効果だといえるかもしれません。

脳いきいき教室について詳しく知りたい方は、『誰でもできる脳いきいき教室のすすめ方』（萌文社）をお読みいただくか、医療福祉生協連のホームページ（「医療福祉生協連　脳いきいき教室」で検索）をご覧ください。

第９章

誰もが自分のペースで暮らせる世の中を目指して

誰もが住みやすい社会とは

寛容さを失いつつある世の中

この本も、いよいよ最後の章となりました。認知症について、私からあなたにお伝えしたいことがあと少しあります。

近頃、世の中から余裕がなくなりつつあるように思いませんか？「グローバル化」の名のもとに、政府から民間にいたるまで、さまざまな実践が行われています。グローバル化と聞くと、地球規模で物事を見ようということなので、一見よさそうに思えます。けれども、実際は地球規模で苛烈な競争をして、いかに勝ち抜くかという姿が、グローバル化の実態のように見えるのです。勝敗を判断する基準は「富」、つまりお金でしょうか。

そうなると、いかに効率良く、手っ取り早く儲けることができるかが重要になります。他者の存在は、自分の欲するものを追求する場合には競争相手となるので、自ずと「敵」となってしまいます。人々は、そうした価値観に巻き込まれ、必死になって結果を出すことが求められる。そうして余裕をなくした結果、世の中から寛容さが失われようとしているように思えてなりません。

効率良く儲けるためには、その目的にかなって都合良く動いてくれる人が必要になります。そうなると、合理的なことだけをして非合理的なことはしないという行動様式を素早く行える人が重宝されます。そうした姿を体現した究極の存在は、ロボットです。こうした画一的な人間がますます重宝されるとして、いったい誰に重宝されるのでしょうか。

効率良く儲けることを重視すると、人は目先の結果にとらわれてしまいます。余裕のなさは、そこからも生まれるのでしょう。もちろん、近くを見る目は大切です。だけど、そこばかりが強くなり過ぎると視野が狭まり、人それぞれがマイペースに生きることが難しくなります。私たちには、大きな力に都合のいいように振り回されない凛とした姿勢で、遠くを思う心を持ち合わせることも大切なのではないかと思うのです。

認知症になっても住み良い社会

本来、グローバル化とは、人々の多様さを認め、多様だからこそお互いに理解し、助け合って生きていこうとする姿を求めるのが筋ではないでしょうか。ここで、話を認知症に戻します。認知症になると、脳の障害のために今までできていたことがうまくできなくなります。理解するのにも時間がかかり、効率良く動くこともままなりません。まさに、「効率良く手っ取り早く結果を出す」という今の社会を動かす価値観と相反することが、認知症という病気によって起こるのです。

だとすれば、認知症になっても住みやすい社会を作るという試みは、効率良く手っ取り早く結果を出すという価値観への挑戦にもつながります。そしてそれは、誰もが自分のペースを大切にしながら、自分の大切にしたい価値に沿った生き方ができるという社会の実現にもつながるのです。そのためには、お互いが自分のペースを大切にして暮らしていくことを認める寛容さが求められます。

認知症になっても住みやすい社会をみんなで作り出すチャレンジは、社会に寛容さを取り戻す試みでもあるのです。認知症になっても住みやすい社会を作るということは、誰にとっても住みやすい社会を作るということでもあるのです。誰にとってもメリットのある世の中を作り出すために、努力してみることを否定する人はいませんよね。だからこそ、認知症になっても住みやすい社会を作るために何ができるかを、一緒に考えてみませんか。そのために、ここからは認知症の人の気持ちを理解した関わり方について述べてみたいと思います。あなたの存在が、住み良い社会の力になることを願って。

認知症になることに伴う心理

認知症になった人がよく言う不便なことに、「会話についていけない」があります。認知症になった人の多くが、「認知症になって友達が減った」とおっしゃいます。お家にいても、認知症のために「言ってもわからないだろう」と思われてしまい、家族から声をかけられる機会が減ることもあるようです。こうして、身近な人との交わりが減り、あたかも蚊帳《かや》の外にいるかのような体験が増えてしまうせいで、認知症の人は孤立を深め、孤独感が増してしまうことが少なくありません。認知症になることに伴う心理の一端は、「寂しさ」です。

一方、記憶することが難しくなってしまうせいで、時間のつながりが失われ、自分が何をしていたかもはっきりしません。認知症の進行とともに、周りにいる人が誰で、自分がどこにいるかもわからなくなります。今まで当たり前にできていたことも、できなくなってしまうこともあります。ついさっきのことがわからず、見知った人が減り、居場所が失われ、自分でできないことが増えていくと、どんな気持ちになるか想像してみてください。とっても不安でたまらないと思うのです。認知症になることに伴う心理の一端は、「不安」です。

寂しさや不安を絶えず感じながらの生活が強いられると、安心感が損なわれて「混乱」が生まれます。第2章では、認知症の「行動・心理症状（BPSD）」は中核症状を背景にして生じる不安や心細さ、混乱などをベースにして起こることがあると述べました。つまり、寂しさや不安によって生まれる混乱が、認知症の症状を強めてしまうのです。ということは、寂しさや不安を和らげ混乱を避けるような対応によって、行動・心理症状を和らげたり防いだりすることができそうです。別の言い方をすれば、認知症の人へは「安心」を感じてもらえる関わりが求められます。なんて書くともっともらしく聞こえますが、誰しも自分を混乱させるような人とは、できれば関わりたくないですよね。

相手を混乱させる関わりになっていないか、安心できる対応となっているかが、認知症の人への関わり方の良し悪しを判断する基準となります。そのことを踏まえて、これから具体的な関わりの話をしていきましょう。

誰にでも伝わりやすい声かけ

認知症になると、誰しも理解力が落ちてしまいます。そのため、こちらからの声かけがうまく伝わらないことも多々あります。だからといって、認知症の人とのやりとりをあきらめる必要はありません。理解力が落ちてしまうのなら、理解しやすい声かけをすればよいだけの話ですから。そんな声かけがあるのかって？　あります。それも、簡単にできるやり方で。次の二つのパターンを満たすようにすれば、こちらの声かけは相手に伝わりやすくなります。

① 声かけは短く区切って一つずつ伝える

たとえば、「ご飯を食べ終えたら薬を飲んで、それからお風呂に入ってその後……」のように長々と伝えられたら、「そんな一度に言わないでよ！」と言いたくなります。長々とした声かけは、誰であれ理解しづらいですね。こうしたときは、「まずご飯を食べてください」と伝え、食べ終わったら「薬を飲んでください」のように、短く区切って一つずつ伝えると、相手は理解しやすくなります。

② 声かけは具体的にハッキリと伝える

たとえば、「気をつけて」と言われても、何に気をつけたら良いかわかりません。「段差があるから、足元に気をつけて」だと、何に気をつけたら良いかわかります。こちらはちゃんと言ったつもりでも、それが抽象的すぎて相手にうまく伝わっていないってことは案外多いんです。

ユニバーサルデザインという言葉を聞いたことがありますか。障害の有無に関わらず、誰もが等しく使いやすいようにデザインされたもののことです。たとえば、シャンプーのキャップやボトルには、ギザギザ状のきざみがついています。これは、触っただけでシャンプーとリンスを区別できるようにつけられたものです。視覚に障害がある人からの要望を受けてこのようなデザインにしたようですが、これだと目を閉じて髪を洗うときに、誰でもすぐに区別することができますね。このようなデザインが、ユニバーサルデザインです。ちなみに、シャンプーにきざみを入れることを発案したこの会社は、こうしたデザインが業界で統一されていないと使う人が混乱するのを懸念して、実用新案の申請を取り下げて各社も同じように使えるよう働きかけたそうです。

さて、先ほどの二つの伝え方の工夫は、認知症の有無に関わらず誰にでも伝わりやすいので、ユニバーサルな声かけといえます。さっそく身近な人に試して、相手の理解を促す伝え方を磨いてください。声かけは、相手の視線がこちらに向いてから行ってください。こちらに注意を向けていないのに、声をかけても相手には伝わりませんので。

認知症の人にとって心地良い関わりとは

もの忘れを訂正するのは逆効果

認知症になると、もの忘れのせいで何度も同じことを言います。認知症になると、もの忘れのせいで何度も同じことを言います。さて、私は同じことを二度言いました。もしここで、「さっきから同じことを言ってますよ」と周りから指摘されると、私は「そんなことはないですよ」と言い返すでしょう。で、再び同じことを言うと、「だからさっきからずっと同じことを言ってますよ！」と指摘されると、きっと私は混乱します。だって、自分では一度しか言っていないつもりですから。

こんなふうに、認知症の人が同じことを繰り返し言うと、周りで聞いている人はつい訂正したくなります。そうしないと、症状がもっとひどくなりはしないかと心配する人もいるようです。だけど、このような対応は、症状を改善させるどころか悪くします。なぜなら、先ほども言ったように、混乱は症状を悪化させるからです。対応の基本は、「安心」を届けることです。同じことを繰り返し言ったとしても、あなたが許せる範囲であたかも初めて聞くかのように対応してください。

「そうやって初めて聞いたかのように対応すると、相手は何回も同じことを言うのではないか」と心配する人もいます。むしろ、間違いを正すことで何度も同じことを言わせてしまうことになります。というのは、人は不安を感じると同じことを繰り返してしまうという習性があるからです。たとえば、夜ガスの元栓を閉めたのを確認した後に眠りにつこうとして、「ガスの元栓ちゃんと閉まってたかな?」と不安になれば、もう一度ガスの元栓を確認しに行きますよね。閉まっているとわかれば、安心して眠りにつけます。これから外出しようとして玄関の鍵を閉めた後に、「ちゃんと閉まったかな?」と不安になれば、ドアノブをもう一度捻りますよね。ちゃんと閉まっていることが確認できたら、安心して外出できます。

こんな感じで、私たちは不安を感じると同じことを繰り返しがちで、安心すると次に進むことができるのです。認知症の人も同じで、あたかも初めて聞いたかのように対応すると、安心して関心はほかに移っていくでしょう。

相手の世界に合わせた表現を

認知症が進むと、あなたのことをまったく別人だと思い込むことがあります。たとえば、妻でもないのに妻だと思い込んだり、娘なのに他人だと思われてしまったり。そんなときは、誤りを訂正せずにそのときだけその人になりきってください。家に帰ったあなたに、「誰だ?! 人の家に勝手に上り込んで!」と怒りだしたら、「ごめんなさい。少しお手洗いを使わせてください」などと応えて、ほとぼりが冷めるまで相手から離れていてください。認知症という病気は、自分がおかしなことを言ったりしたりしているという自覚を本人から奪います。そこが理解できれば、頭ごなしに否定したり訂正したりせず、こちらの対応にも少し余裕が生まれると思うのです。

ここで、根がまじめな人はこう心配します。「相手の言うままに別人のふりをするのは、相手に嘘をついていることになりはしないか」と。ここで、あなたに考えてほしいことがあります。たとえば、海外を旅していて現地の人に「ハロー」と声をかけられたら、「こんにちは」とは言わず「ハロー」と応えますよね。日本語で挨拶をしなかったからといって、現地の人に嘘をついていることにはなりません。彼らの世界にただ合わせているだけですから。同じように、認知症の人の発言に合わせて関わりを変えることも、認知症の人の世界に合わせた対応をしているわけで、嘘をついたことになるとは思いません。

大事なことは、相手を混乱させるのではなく、安心してもらうことです。いくらちぐはぐだとしても、そうして穏やかなやりとりができていれば、お互いにとって心地良いですもんね。

本人に応じた役割を担ってもらう

認知症になると、段取り良く物事を進めていく力が衰えるため、今まで普通にできていたことができなくなってしまいます。そのせいで、今まで通り料理を作れなくなったり、家電製品が使えなくなったり、お金の管理ができなくなったりします。段取りが悪くなり、できないことが増えてくると、今まで本人がしていた家事や役割を取り上げてしまうことがあります。もちろん、これはうまくできないことで、落ち込んだりけがをしたりするのを防ごうという本人のためという意味合いもあるでしょう。

ですが、本人の役割を完全になくしてしまうのは良くないどころか、認知症を悪くしてしまうことにもなります。誰もがどのような立場や状態であっても、「何か役に立ちたい」という気持ちを持ち続けています。私たちは、社会的な生き物だからこそ、このような欲求が生まれるのです。けれども、家庭や施設の中で、役割が失われて誰かの世話を受けるばかりだと、「何か役に立ちたい」という欲求が満たされることはありません。こちらがよかれと思って作り出している環境が、相手から居場所感を奪い、寂しさや疎外感を生み出すこともあるのです。

どんなに些細なことや単純なことでもよいので、本人ができることをお願いし、役割を担っていただき、それに対して感謝の言葉を述べてください。認知症という枠を通して相手を見ると、できないことについ目が向きがちですが、できることもきっとあるはずです。

行動・心理症状にも安心で対応

妄想や暴言・暴力など行動・心理症状の多くは、本人と周囲の人との関係性から生じます。誤解しないでほしいのですが、これは決して周りの人が行動・心理症状を作り出しているということではありません。お互いの関係性によって生まれる行動・心理症状があるのなら、コミュニケーションを工夫することで、行動・心理症状を和らげたり防いだりすることもできるのです。どうやって工夫すればよいかというと、原則は同じ。「混乱」させるような関わりではなく、「安心」してもらえるような関わりを行うのです。

たとえば、「財布を盗られた」と訴えるもの盗られ妄想。妄想とは、「絶対にそうだ」と確信している状態です。こんな状態で、「私は財布を盗っていません」と否定しても、相手は聞く耳を持ちません。私の生まれた香川県は四国地方です。それは間違いない事実だと確信しています。そんな私に、「香川県は関東地方ですよ」と言っても、私は「そんなわけない」と聞く耳を持たないでしょう。そんないい加減なことを言った人に腹を立てるかもしれません。妄想を訂正するというのは、そういうことです。かといって、盗ってもないのに「私が盗りました」というのもおかしな話です。

大切なことは、「安心」です。つらいときもあるでしょうが、まずは相手の訴えを聴いてください。そして、否定も肯定もしない対応をしてください。「財布がなくて困っているのですね。一緒に探しましょうか」のような感じです。

暴言や暴力には、説得や抑えつけなどで対処しようとすると、相手は余計に興奮します。こちらの対応によって暴言や暴力がひどくなるようなら、一旦その対応をやめて相手から離れてほとぼりが冷めるのを待ちましょう。相手はいずれ必ず落ち着きを取り戻しますから、そのときを見計らって声をかけるようにしてください。介護する人の気持ちを押し殺して認知症の人の気持ちを一方的に推し量るのではなく、お互いに気持ち良いコミュニケーションができますように。

尊厳を支えるコミュニケーション

認知症の人に必要なコミュニケーションは、「安心」です。ですが、せっかくなのでさらに良いコミュニケーションを目指してみましょう。それは、相手の「尊厳」を支えるようなコミュニケーションです。尊厳とは、自分のことを大切に思える感覚や、人から大切にされているという感覚のことです。

認知症になると、これまで通りできないことが増えたり、失敗が増えたりするので、本人は「これで良い」と思えなくなります。周りの人も、そうした失敗につい注意や叱責を重ねてしまうこともあります。認知症になると、誰にとっても当たり前に守られるべき尊厳が脅かされてしまう。だからこそ、尊厳を支えるコミュニケーションが求められるのです。尊厳を支えるというと難しく聞こえるかもしれませんが、そんなことありません。

かつて、こんなエピソードがありました。認知症の人が集まって、みんなで料理を作るという催しでのこと。ある女性が野菜を切り終えたのを見て、近くにいた支援者は彼女に言いました。「切れましたね！」さて、あなたが彼女なら、こう言われて嬉しいですか？　むしろ、「これくらい切れるわ！　バカにしないで！」と腹が立ったり、みじめになったりすると思うのです。では、こうしたときどう言えればよかったのでしょう。野菜を切ってくれたのですから、「助かりました」とか「ありがとうございます」が相応しい言葉でしょう。決して難しい声かけではありません。

私たちは、誰しも自分を大切にしたいという欲求を持っています。自分だとどのように声をかけてもらいたいかを考えて、それを相手に伝える。それはきっと、相手の尊厳を支えるコミュニケーションとなっているはずです。

みんなの課題としての介護

あなたが介護をすることになったら

最後に、認知症になった身近な人をあなたが介護をすることになった場合を考えてみましょう。

といっても、六五歳以上の七人に一人は認知症だといわれる時代ですので、すでに身近な人の介護をしている人、介護をして看取ったという人もいらっしゃると思います。

厚生労働省は、新オレンジプランの中で、認知症の人の日常生活全体を国や地域で支えていこうという理念を掲げています。認知症の問題は、病気を抱える本人と介護する家族だけで立ち向かうのではなく、国や地域をあげて支えようというわけです。本当に、そのような社会の仕組みが必要です。しかし、実際はまだまだ家族など身近な人が孤軍奮闘しながら介護しているのが現状です。

もし、あなたの大切な家族が認知症になってしまったら、そのことを受け入れるという課題にも取り組まなくてはなりません。これまで当たり前にできていたことが当たり前にできなくなる家族の変貌ぶりにショックを受けながらも、そうした変化を見届けなくてはなりません。これだけでも、相当なエネルギーを必要とするはずです。認知症の人から目が離せなかったり、全身で介護に取り組んだりして、心も体もクタクタになることも多々あるでしょう。身内の介護は、それを経験した人にしかわからない大変さが間違いなくあります。認知症の人が、病気を抱えながら変わりゆく自分と世界に適応するための努力は相当なものですが、彼らを介護する家族の努力も相当なものなのです。

ひとりで悩まないし悩ませない

介護をしているご家族の話を聴いていると、心の葛藤に苦しんでいることがあまりに多いことに気づかされます。葛藤とは、相反する気持ちに苦しむ心の状態のことです。相反する気持ちとは、怒りや拒絶感とそうした感情を抱いたことへの自責の思いです。「認知症だから仕方ないとわかっている。だけど、イライラしてしまう」「自分が介護をするしかない。でも、なんで自分がこんな目に合わなければならないのか。もう逃げ出したい」と思う一方、身近な人にそうした感情を抱いてしまった自分を責めてしまったり罪悪感を持ってしまったりするのです。

私は、このような話を伺うとき、介護をしているその人に「イライラしたり逃げ出したりせず、がんばりましょう」とはとても言えません。自分も同じ立場に立つと、そのような気持ちになると思うからです。そもそも、周りの人は介護をしている人を責める立場にありません。それに、周りが責めなくても、もうすでに自分で自分を責めています。もし、あなたの身の周りに、介護をしている人がいらっしゃるようなら、あれこれと指図する「口」ではなく、介護に伴う苦労や悩みをただ黙って聴く「耳」を使ってあげてください。

もし、あなたが介護をしていて自分を責めてしまったり、罪悪感を抱いたりしたら、そうした気持ちを解消することは難しいかもしれませんが、一方で自分のがんばりを優しく認めてあげてほしいのです。どのような嫌な思いを抱いたにせよ、「介護をしている」という一点の事実をもって、介護している人は十分にがんばっているのです。つらい気持ちをもてあましたら、近くの地域包括支援センター（役所に尋ねると、どこにあるか教えてくれます）や認知症の人と家族の会などに相談してみてください。たくさんの経験を持っているので、きっとあなたを助けてくれるサポートが得られると思います。

さて、この本はこれでおしまいです。舌足らずな私の話に、最後までおつきあいいただき、本当にありがとうございました。どのような立場にあっても、価値観の違いに争いあっても、私たちは「いずれ死ぬ」という運命を共に背負った同士です。なかなか寛容になれない自分がいますが、そこを考えると自分や他人に少しでも優しくなれるような気がします。

生きていると、嬉しいことや幸せなことを感じることがある一方、悲しいことやつらいことを感じることもたくさんありますね。よく「幸せな人生を送りましょう」なんてことが言われたりしますが、そんな人生はあるわけないと、心の中でつぶやく自分がいます。だけど、どのようなことでも、「味わう」ことはできます。そうした意味で、いつか訪れる最期のときまで、ともに味わい深い人生を送りましょうね。

初出：
「ひとりでできる認知症予防　いきいき脳で元気！」
全国商工新聞（全国商工団体連合会三一八三号～三二二二号）
二〇一五年九月～二〇一六年七月

本文イラスト：ダンアートメディア
著者似顔絵・一三九頁イラスト：大塚美菜子

【著者紹介】
竹田 伸也（たけだ しんや）
　鳥取大学大学院医学系研究科臨床心理学専攻講師。博士（医学），臨床心理士，専門行動療法士。香川県丸亀市生まれ。鳥取大学大学院医学系研究科医学専攻博士課程修了。鳥取生協病院臨床心理士，広島国際大学心理科学部講師を経て現職。日本老年精神医学会評議員，日本認知症予防学会評議員を務める。
　主な著書に，『認知行動療法による対人援助スキルアップ・マニュアル』（遠見書房，2010），『誰でもできる脳いきいき教室のすすめ方――地域で楽しめる認知症予防活動』（萌文社，2010），『マイナス思考と上手につきあう認知療法トレーニング・ブック――心の柔軟体操でつらい気持ちと折り合う力をつける』（遠見書房，2012），『「マイナス思考と上手につきあう認知療法トレーニング・ブック」セラピスト・マニュアル』（遠見書房，2012），『対人援助職に効くストレスマネジメント――ちょっとしたコツでココロを軽くする 10 のヒント』（中央法規，2014），『クラスで使える！ストレスマネジメント授業プログラム「心のメッセージを変えて気持ちの温度計を上げよう」』（遠見書房，2015）など。

心理学者に聞く

みんなが笑顔《えがお》になる認知症《にんちしょう》の話《はなし》

正しい知識から予防・対応まで

2016 年 11 月 25 日　初版発行

著　者　竹《たけ》田《だ》伸《しん》也《や》

発行人　山内俊介

発行所　遠見書房

〒 181-0002　東京都三鷹市牟礼 6-24-12
三鷹ナショナルコート 004
（株）遠見書房
TEL 050-3735-8185　FAX 050-3488-3894
tomi@tomishobo.com　http://tomishobo.com
郵便振替　00120-4-585728

印刷　太平印刷社・製本　井上製本所

ISBN978-4-86616-024-5　C0011